NORBERT FRANK

Lammgerichte

für Genießer

198 Rezepte mit 24 Rezeptfotos
2. Auflage

HUGO MATTHAES
DRUCKEREI UND VERLAG
GMBH & CO. KG
STUTTGART

ISBN 3-87516-633-7

© 1993
by Hugo Matthaes Druckerei und Verlag GmbH & Co. KG, Stuttgart
Printed in Germany

Herstellung einschließlich der Reproduktionen:
Hugo Matthaes Druckerei und Verlag GmbH & Co. KG, Stuttgart

Gesetzt auf Apple Macintosh in ITC Souvenir

Rezeptfotos: British Lamb (1), British Meat (1), G. Dethleffsen (2), Neuseeland-Lamm (16), Teubner-Gesellschaft für Europäische Kommunikation (4)
Fotos: Seite 9 Uwe Jensen; Seite 14 AFZ

Die ständig zunehmende Beliebtheit des delikaten Lammfleisches wird durch die Tatsache bewiesen, daß »Lammgerichte für Genießer« in leicht erweiterter Form in der zweiten Auflage erscheint.

Mit diesem Kochbuch möchte ich nicht nur Anregungen für den Einsatz des Lammfleisches in unseren Küchen geben. Ich knüpfe auch an die kulinarischen Erkenntnisse unserer europäischen Nachbarn an, von deren Speiseplänen das »leckere Lamm« nicht wegzudenken ist.

Ganz gleich, ob Lammfleisch gekocht, geschmort, gebraten oder gegrillt wird, immer ist es etwas Besonderes. Die vielen geschmacklichen Nuancen, die mit dem Lammfleisch im besten Sinne verbunden sind, haben auch noch den in heutiger Zeit immer wichtiger werdenden gesundheitlichen Aspekt. Lammfleisch ist ein völlig naturbelassenes Produkt, das ohne künstliche Hormoncocktails und andere Aufzuchtmittel auf grünen Weiden heranwächst.

Allen Lesern und noch mehr allen Benutzern dieses Buches wünsche ich ebenso viele Gaumenfreuden, wie ich sie im Laufe der Jahre mit dem zarten und leckeren Lammfleisch erlebte.

Guten Appetit wünscht

Ihr

Norbert Franke

INHALTSVERZEICHNIS

INHALTSVERZEICHNIS

INHALTSVERZEICHNIS

Wo gibt es heute noch natürliche Lebensmittel? Fleisch, das nicht mit Hormonen oder anderen künstlichen Aufzuchtmitteln belastet ist? In der Vergangenheit jagte ein Skandal den anderen. Nudeln, Hormonkälber und -schweine, verdorbenes und überlagertes Geflügel sind nur einige der skandalträchtigen Schlagworte, die uns als Verbraucher verunsicherten. Doch es gibt noch Fleisch zu zivilen Preisen, das in natürlichen Lebensräumen, auf grünen Weiden unter artgerechten Bedingungen ohne künstliche Masthilfe heranwächst: Lammfleisch.

Ob tiefgefroren aus Neuseeland oder Uruguay, Argentinien oder Chile, ob gekühlt aus England oder anderen Staaten der Europäischen Gemeinschaft oder sogar aus deutschen Landen: Lammfleisch ist natürlich gewachsenes Fleisch, dem zunehmend größere Bedeutung zukommt. Sprunghaft ist die Einfuhr von Lammfleisch in den letzten Jahren angestiegen, da die deutschen Schafhalter und Züchter den Bedarf nur zu rund 42 Prozent decken können. Im Jahr 1989 wurden aus Drittländern immerhin rund 28 000 Tonnen Schaf- und Ziegenfleisch importiert. Verbraucht wurden im gleichen Zeitraum mehr als 62 000 Tonnen.

Auf naturbelassenen Weiden wachsen Schafe, wie auf unserem Foto an der Nordseeküste, heran.

EINLEITUNG

Außer der hohen Fleischqualität, den relativ günstigen Preisen für das Fleisch muß es noch andere Gründe für den steigenden Verbrauch bei uns geben . . .

Einer der Gründe ist einfach gesagt: Die Deutschen sind auf den Geschmack gekommen. Durch Reisen in andere Länder haben wir auch die Gerichte anderer Völker kennen- und schätzengelernt. Was wäre ein Schaschlik in Jugoslawien, ein arabisches Cous-Cous ohne Lamm, oder was wäre die Provence ohne einen Lammrücken mit Kräutern? Nicht auszudenken, wenn es diese leckeren Lammgerichte – und natürlich viele andere – nicht geben würde.

Die Tradition des deutschen Lammfleischverzehrs ist nicht sehr stark entwickelt. Das hat seine Ursache insbesondere in der Tatsache, daß früher Schafe fast ausschließlich wegen der Wolle gezüchtet und gehalten wurden. Wenn ein solches Wollschaf dann zum Schlachter kam, war naturgemäß das Fleisch von minderer Qualität. Baumwolle und Chemiefasern haben der Wolle den Rang abgelaufen. Für die Schafhalter bringt die Wolle nur noch geringe Erträge. Deshalb wurde bereits vor Jahrzehnten mit der Zucht von Fleischschafrassen begonnen. Aber auch bei den »Mehrzweckschafen«, wie dem »Ostfriesischen Milchschaf«, das Wolle, Milch und Fleisch liefert, wurde durch strenge Zuchtauswahl die Qualität des Fleisches erheblich verbessert. Den guten alten deutschen »Hammel« können wir vergessen. Das, was heute im Angebot ist, muß überwiegend mit dem Prädikat »Qualität« belegt werden.

Die Statistiker haben errechnet, daß jeder Deutsche im Jahr nur rund ein Kilo Lammfleisch verzehrt. Doch der Hoffnungsschimmer ist da, die Verbrauchszahlen steigen. Zunehmend wird »leckeres Lamm« auch von der normalen Hausfrau entdeckt, es bleibt nicht nur den Feinschmeckern vorbehalten.

Zu dieser Entwicklung hat, außer der züchterischen Verbesserung, eine gründliche Handelsklassen-Einteilung gesorgt. Der Verbraucher kann sofort erkennen, was er kauft, wie die Qualität des angebotenen Fleisches ist.

Es gibt fünf Hauptkategorien und mehrere Unterkategorien; klingt kompliziert, ist aber ganz einfach:

M = Milchlammfleisch. Das Fleisch darf nur von Milchmastlämmern bis zu einem Alter von sechs Monaten und einem Schlachtgewicht (ohne Kopf) von höchstens 22 kg stammen.

L = Mastlammfleisch. In diese Kategorie fallen nur Stall- oder Weidemastlämmer, die zwischen sechs und zwölf Monate alt sind, also fast ausgewachsene Tiere.

H = Hammelfleisch. Fleisch von weiblichen Tieren, die nicht zur Zucht eingesetzt wurden, und von männlichen kastrierten Tieren bis zu einem Alter von zwei Jahren.

S = Schaffleisch. Die Schlachtkörper stammen von kastrierten Böcken und weiblichen Tieren, die älter als zwei Jahre sind.

B = Bockfleisch. Fleisch von männlichen, nicht kastrierten Böcken mit einem Alter von über zwölf Monaten.

Ergänzend zu den obigen Kategorien gibt es noch die Handelsklassen:

E = Beste Muskelfülle   II = Mittlere Muskelfülle
I = Gute Muskelfülle   III = Geringe Muskelfülle

Drei Begriffe fehlen noch: (g), (m) und (s). Hinter diesen drei Buchstaben verbirgt sich der Fettansatz des Fleisches: (g) = gering, (m) = mittel, (s) = stark.

Ein einfaches Beispiel für ein Top-Fleischstück: M I (g), das ist Milchlamm-fleisch mit guter Muskelfülle und geringem Fettansatz.

Daß Lammfleisch natürlich heranwächst, wurde bereits gesagt. Für diejenigen, die es ganz genau wissen möchten, nachstehend noch eine Tabelle mit den Inhaltsstoffen und den Brennwerten von Lammfleisch.

Inhaltsstoffe und Brennwerte von Lammfleisch

(Quelle: AFZ)

Mittelwerte in 100 g eßbarem Anteil	Wasser g	Eiweiß g	Fett g	kcal	kJ
ganze Hälften					
mager	69,0	18,2	12,5	199	834
mittelfett	56,3	16,4	26,4	323	1353
fett	46,4	13,0	39,0	428	1793
Brust	48,0	12,0	37,0	404	1693
Bug (Schulter)	58,0	15,6	25,0	306	1282
Filet	75,0	20,4	3,4	122	511
Herz	72,0	16,8	10,0	169	708
Hirn	78,0	10,9	9,1	135	566
Keule (Schlegel)	64,0	18,0	18,0	250	1048
Kotelett	52,0	14,9	32,0	370	1530
Leber	70,4	21,2	4,0	131	549
Lende	66,7	18,7	13,2	207	867
Lunge	78,0	18,4	2,3	103	432
Milz	76,2	18,0	4,0	117	490
Niere	78,5	16,5	3,0	102	427
Schnitzel	73,5	19,1	6,1	142	595
Zunge	69,2	13,5	14,8	200	838

Damit Sie, lieber Leser, genau wissen, was Sie sich da als »leckeres Lamm« gönnen, eine Zeichnung mit der Einteilung der Fleischstücke, wie sie von Ihrem Schlachter zugeschnitten werden.

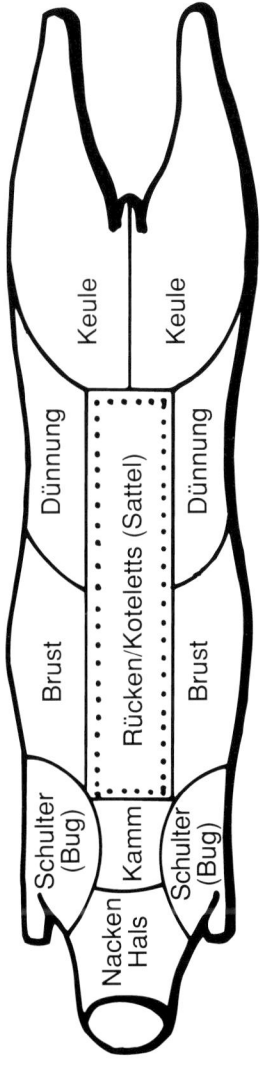

EINLEITUNG

Bei der Zubereitung von Lammfleisch sind der Phantasie kaum Grenzen gesetzt.
Welche Teilstücke zum Braten, Grillen, Schmoren und Kochen besonders geeignet sind, zeigt unsere Abbildung.

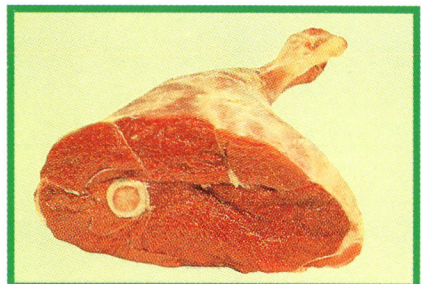

Keule ist sehr mürbe und besitzt einen hervorragenden, delikaten Eigengeschmack.
Zum Braten besonders geeignet.

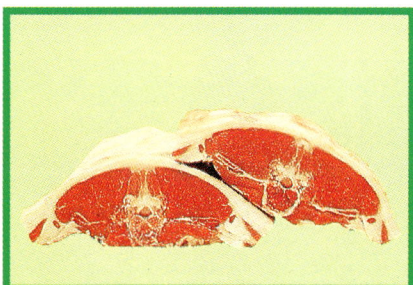

Rücken. Er wird unterteilt in Kotelett und Lendenkotelett (hinteres Stück). Zum Kurzbraten, Grillen und Schmoren.

Hals (Nacken, Kamm). Lammfleisch vom Hals ist bestens geeignet für Gulasch und Ragouts.

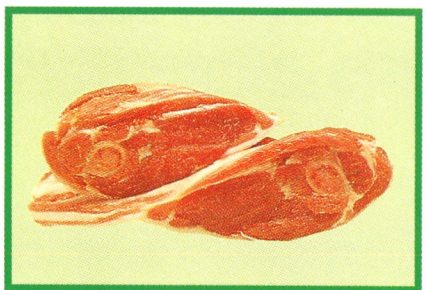

Schulter. Eine Lammschulter ist verhältnismäßig klein und wird nicht noch weiter unterteilt, sondern quer in Portionen geschnitten.
Sie eignet sich besonders zum Braten.

Brust. Das Bruststück hat einen relativ geringen Fleischanteil. Es ist sehr gehaltvoll und paßt besonders gut in Suppen, Eintöpfe und Ragouts.

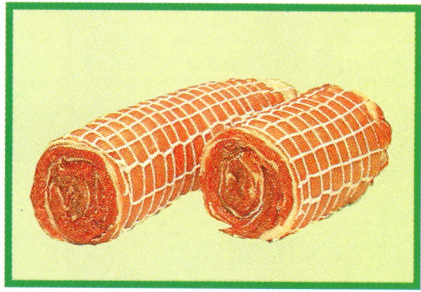

Dünnung. Zum Braten, Grillen, Schmoren und Kochen, für Ragouts und als Rollbraten. Wird sehr preisgünstig angeboten.

Nicht zuletzt sei verraten, daß aus Lammfleisch besonders leckere Wurst gemacht werden kann. Ob Leberwurst, Pâté, Salami, Cervelat oder Pastete: Mit Lammfleisch ist die Wurst nicht nur bekömmlich, sondern auch besonders schmackhaft. Natürlich kann auch eine Lammkeule als Schinken von Ihrem Schlachter zubereitet werden. Ein wirklicher Hochgenuß. Fragen Sie doch Ihren Schlachter, ob er nicht auch für Sie eine Wurst oder einen Schinken herstellen kann.

Mein persönliches Wurst-Lieblingsrezept, von der Großmutter überliefert, verrate ich gerne:

Man nehme: 5 kg mageres Lammfleisch, 3,5 kg Schweinebauch, mische reichlich Majoran, Knoblauch nach Geschmack, weißen Pfeffer, Salz und Paprika unter das Fleisch und treibe es zweimal durch einen feinen Einsatz des Fleischwolfes. Die fertige Masse muß gut durchgeknetet werden. Dann mische man ein Glas Rotwein und einen Schuß Cognac oder Rum in die Masse. Nochmals alles durchkneten und die Masse sehr fest in Kunstdarm einstopfen. 14 Tage müssen die Würste in einem luftigen und trockenen Raum reifen. Die Temperatur des Raumes sollte zwischen 14 und 18 Grad liegen. Nach Abschluß der Reifezeit werden die Würste zum Räuchern gebracht. Dort werden sie etwa 14 Tage lang geräuchert, wobei jeweils am 3. Tag kein Rauch zugegeben wird. Wenn die Würste fertig sind, halten Sie, bei entsprechender Lagerung, sehr lange (wenn nicht schon bald alles aufgegessen ist).

Schon heute wünsche ich guten Appetit.

Und nicht vergessen: Lammfleisch muß immer heiß serviert werden!

GEWÜRZE

Kleine Gewürzkunde für Lammfleisch

Würzen ist Geschmackssache. Verbindliche Regeln dafür kann es nicht geben. Bestenfalls eine einzige Regel sollte beachtet werden: Ein Zuviel schadet nur. Nicht jeder hat einen eigenen Kräutergarten. Nicht überall werden frische Kräuter angeboten. Deshalb die Empfehlung, wenn erforderlich, auf Trockengewürze zurückzugreifen, die es heute in ausgezeichneter Qualität gibt. Natürlich muß darauf geachtet werden, daß die Trockengewürze nicht alt und überlagert sind, weil sie sonst ihre typische Würzkraft eingebüßt haben.
Sagt Ihnen das eine oder andere Gewürz bei den Rezepten nicht zu, variieren Sie nach eigenem Geschmack. Wichtig ist nicht die Vorgabe des Rezeptes, sondern Ihr persönlicher Geschmack.
Nachstehend eine kurze Beschreibung der wichtigsten Gewürze, die bei den Rezepten zur Anwendung kommen. Auf allgemein bekannte Gewürze wie Zwiebel, Knoblauch, Pfeffer, Petersilie usw. wurde verzichtet.

Bohnenkraut

Von dieser auch als »Pfefferkraut« bekannten Pflanze werden sowohl die Blätter als auch die Stengel verwendet. Ein aromatisches Gewürz, das scharf schmeckt. Nicht zu reichlich verwenden.

Borretsch

Die Blätter der nur einjährigen Pflanze, die auch im Blumentopf gezogen werden kann, sind stark behaart. Deshalb müssen sie fein geschnitten werden. Das Kraut riecht und schmeckt ein wenig nach Gurke und Zwiebel. Getrocknet verliert das Kraut erheblich an Aroma, deshalb etwas reichlicher verwenden. Das Gewürz darf nicht mitgekocht werden, erst kurz vor dem Anrichten dazugeben.

Cayennepfeffer

Dieses auch als »Teufels- oder Schotenpfeffer« bekannte Gewürz ist bei uns in Schotenform als »Peperoni« bekannt. In Mexiko heißt es »Chili«. Vorsicht bei der Anwendung dieser teuflisch-scharfen Pfefferart. Nicht umsonst heißt es schon in uralten Gewürzbüchern: »Man soll nicht mehr als zwölf Körnlein auf einmal einnehmen, sonst bringt es Schaden und macht den Menschen ganz toll.«

Curry

Curry ist kein Einzelgewürz, sondern eine Mischung aus 12 bis 30 anderen Gewürzen. Die angebotenen Mischungen sind unterschiedlich im Geschmack. Die Geschmacksskala reicht von scharf-brennend bis pikant-würzig. Vorsichtig dosieren. Da Curry lichtempfindlich ist, stets gut verschlossen aufbewahren. In der Küche verwendet man Currypulver überwiegend für Reis- und Fischgerichte, Ragouts, Saucen, Tomaten- und verschiedene Fleischspeisen.

Estragon

Aus Südeuropa stammt die Estragonpflanze. Sie ist wildwachsend oder kultiviert in den meisten europäischen Ländern anzutreffen. Nur die jungen Triebe der bis zu 1,50 m hohen Pflanze kommen zum Einsatz. Die Blätter riechen stark aromatisch und schmecken bitter. Im Angebot gibt es gerebelte oder gemahlene Blätter. Den gerebelten sollte der Vorzug gegeben werden. Das Gewürz paßt zu Salaten, Geflügel, Sauerbraten, Hammel- und Kalbfleisch und Wildgerichten. Sparsam verwenden.

Ingwer

Die Wurzel des Gewächses aus der Familie der Gewürzlilien riecht aromatisch und schmeckt scharf. Angeboten wird die Wurzel kandiert, getrocknet und gemahlen. Der intensive Geschmack läßt sich gut mit anderen Gewürzen kombinieren.

Kapern

Kapern sind keine Früchte, es sind noch nicht geöffnete Blütenknospen des Kapernstrauches. Die grünlichgrauen kleinen »Kugeln«, die in einer Salzlake in den Handel kommen, schmecken leicht bitter, würzig und ein wenig scharf. Je kleiner die Kaper, desto teurer. Die großen Kapern reichen als Gewürz völlig aus. Sie verfeinern Saucen, Fisch- und Fleischgerichte, Salate und Eierspeisen.

Kardamom

Die kleinen Samenkörner der ursprünglich aus Indien stammenden Pflanze werden ganz oder gemahlen angeboten. Sie duften aromatisch und schmekken pikant. Man würzt damit hauptsächlich Backwaren und Wurstwaren.

Kerbel

Die einjährige Pflanze, die 30 bis 60 cm hoch wird, kann leicht im Blumentopf gezogen werden. Frisch ist das Kraut kaum im Angebot, deshalb muß auf gemahlenen Kerbel zurückgegriffen werden. Die Blätter riechen stark aromatisch und leicht süßlich, der Geschmack ist würzig und erinnert leicht an Anis. Sie eignen sich zum Würzen von Suppen und Saucen, Gemüsen und Salaten.

Koriander

Dieses Gewürz kann ganz, als Samen oder auch gemahlen eingesetzt werden. Es riecht und schmeckt aromatisch. In der Küche wird er hauptsächlich zu Kohlgerichten und Saucen verwendet. Auch in verschiedenen Currymischungen und Wurst-gewürzen ist er enthalten.

Kreuzkümmel

Die Früchte dieses Gewächses ähneln dem normalen Kümmel, sind aber mehr grünlichgrau in der Farbe. Geschmacklich sind sie herber als der uns bekannte Kümmel. Angeboten wird dieser Kümmel nur ungemahlen. Nicht zu reichlich dosieren.

Kümmel

Das Gewürz, das überwiegend in ganzen Samen-körnern angeboten und eingesetzt wird, riecht aromatisch und schmeckt leicht herb. Es wird im Handel auch gemahlen angeboten, verliert aber leicht an Würzkraft durch Verflüchtigung der ätherischen Öle.

Liebstöckel

Unter dem Namen »Maggikraut« kennt es wohl jeder, obwohl es mit der gleichnamigen Gewürzsauce nichts zu tun hat. Gerebelten Blättern sollte der Vorzug gegeben werden. Vorsichtig einsetzen, damit der Eigengeschmack der Speisen nicht übertönt wird. Der Geruch des Krautes ist eigenartig würzig, der Geschmack liegt zwischen süßlich-würzig und leicht-angenehm bitter.

GEWÜRZE

Lorbeer

Die länglichen Blätter des immergrünen Lorbeer-
baumes enthalten ätherische Öle, die sich beim
Kochen angenehm entfalten. Der Duft ist stark
würzig, der Geschmack würzig-bitter. Vorsichtig
einsetzen, meist genügt ein halbes bis ein Blatt.

Majoran

Die Blätter des aromatisch riechenden und schmeckenden Krautes werden
gerebelt und gemahlen angeboten. Schon seit dem Mittelalter ist dieses
Gewürz bekannt und beliebt. Da sich sein Geschmack teilweise nicht mit
anderen Kräutern verträgt, sollte es immer sparsam angewandt werden.

Minze

Allgemein bekannt ist dieses Gewürz bei uns als Pfefferminze. Da frische Minze
kaum angeboten wird, getrocknete verwenden. Nicht zu reichlich einsetzen,
da ansonsten leicht der Eigengeschmack der Speisen übertönt wird.

Muskatnuß

Muskatnüsse sind die Samenkerne des Muskatnuß-
baumes. Zum Einsatz kommt das Gewürz frisch
gerieben (kleines Reibeisen). Nur kleine Mengen
verwenden. Die Nüsse müssen von anderen Gewürzen getrennt aufbewahrt werden, damit keine
Geschmacksverfremdung auftritt.

Nelken

Getrocknete Nelken riechen und schmecken angenehm würzig. Es handelt sich bei den auch als »Nägelchen« bekannten kleinen Köpfchen um die Blütenknospen des immergrünen Nelkenbaumes. Zum Einsatz können auch gemahlene Nelken in Pulverform kommen.

Oregano (ital. Origano)

Die Blätter dieser Pflanze, die auch als »Dost« bekannt ist, haben eine kräftige Würzeigenschaft. Sie riechen angenehm würzig und schmecken scharf-bitter. Es wird in gerebelter und gemahlener Form angeboten. Gerebelten Blättern ist der Vorzug zu geben. Nicht zu reichlich verwenden, da ansonsten der Geschmack zu intensiv wird. Oregano ist hauptsächlich durch die italienische Küche bekannt.

Rosenpaprika

Rosenpaprika ist der geschmacklich schärfste unter den in Deutschland angebotenen Sorten. Obwohl er nicht das Aroma anderer Paprikasorten erreicht, hat er eine kräftige Farbe und wird wahrscheinlich deshalb bevorzugt. Gemahlener Paprika darf nicht zu lange gelagert werden, da er schnell an Würzkraft verliert.

Rosmarin

In südlichen Ländern kann man sich Kochen ohne dieses aromatische Gewürz nicht vorstellen. Die getrockneten Laubblätter des immergrünen Strauches duften würzig und haben einen aromatischen Geschmack. Ein »Klassiker« bei allen Lammfleischrezepten mit südlicher Note. Gerebelten Blättern ist der Vorzug zu geben.

GEWÜRZE

Safran

Aus den Blütennarben einer asiatischen Krokuspflanze wird das würzig-bitter schmeckende und kräftig riechende Gewürz gewonnen. Gelber Safran hat eine starke Farbkraft und wird deshalb häufig zum »Einfärben« von Speisen genommen, die dadurch besonders appetitlich aussehen. Bei südlichen Gerichten kann auf Safran kaum verzichtet werden.

Salbei

Dieses Gewürzkraut ist auch als »Muskatellerkraut« bekannt. Die getrockneten Blätter sind aromatischer als frische. Der Duft ist angenehm und würzig, der Geschmack würzig bis leicht bitter.

Senfkörner

Die Früchte der Senfpflanze werden gemahlen oder als ganzes Korn angeboten. Es gibt schwarze und gelbe Senfkörner. Der Geschmack kann als würzig-pikant eingestuft werden.

Sternanis

Dieses Gewürz ist auch unter der Bezeichnung China-Anis im Handel. Die hellbraunen Samenkörner sind sternförmig angeordnet, daher der Name. Die Sammelfrüchte riechen und schmecken ähnlich dem bekannten Anis, mit einem leichten Hauch Fenchel.

Thymian

Als »Herz der raffinierten Küche« wird das Kraut von französischen Köchen bezeichnet. Es riecht und schmeckt angenehm würzig, sparsam verwenden. Thymian wird gerebelt oder gemahlen angeboten. Den Vorzug sollten, wenn erhältlich, entweder die ganzen Blätter und Blüten oder die gerebelten Blätter erhalten.

Wacholderbeere

Die kugeligen, 6 bis 8 mm großen Fruchtbeeren des Wacholderstrauches, der auch in unseren Breiten zu Hause ist, duften würzig-balsamisch. Gemahlen sind sie ebenso im Handel wie die ganzen Beeren. Als Würze können sie sowohl in der einen wie in der anderen Form eingesetzt werden, und zwar hauptsächlich für Wild und Wildgeflügel. Auch im Sauerbraten, im Sauerkraut und im Fischsud und Fischmarinaden dürfen die Beeren nicht fehlen.

SUPPEN und EINTÖPFE

Dithmarscher Lammtopf

500 g Lammfleisch
½ Kopf Weißkohl
2 Zwiebeln
2 bis 3 EL
Tomatenmark
1 TL Curry
125 g Reis
Suppengrün
1½ l Brühe
Salz, Pfeffer
Zucker
Tomatenstücke
Petersilie

Für 6 Personen:

Das gewürfelte Fleisch anbraten und in eine feuerfeste Form füllen, darüber abwechselnd Weißkohlstreifen mit Reis, dann die zerkleinerten Zwiebeln und das Suppengrün schichten. Mit heißer Brühe auffüllen, die mit Tomatenmark, Curry, Salz, Pfeffer und ein wenig Zucker verrührt wurde.
Das Gericht vor dem Servieren mit Tomatenstücken und Petersilie garnieren.

Heiß servieren.

Irish-Stew

750 g Lamm (Hals oder Brust)
500 g Weißkraut
750 g Kartoffeln
1 große Zwiebel
Kümmel
Pfeffer, Salz
Knoblauch
Fleischbrühe oder Wasser
evtl. 1 EL Schmalz

Für 6 Personen:

Fleisch in Stücke schneiden, das Fett abtrennen, zerkleinern, in einer Kasserolle goldbraun rösten. Vom Weißkrautkopf Strunk und Rippen entfernen, die Blätter zerpflücken. Kartoffeln schälen, je nach Größe halbieren oder vierteln. Zwiebel grob hacken. Abwechselnd Fleisch, Zwiebel, Kraut in den Topf füllen, in dem das Fett ausgelassen wurde. Mit Kümmel, Pfeffer, Salz, geriebenem Knoblauch nach Geschmack würzen. So viel heiße Fleischbrühe oder kochendes Wasser dazugießen, daß Fleisch und Kraut bedeckt sind.
Im geschlossenen Topf 30 Minuten kochen, die Kartoffelstücke dazugeben, untermischen. Zugedeckt auf kleinem Feuer gar kochen. Bei ganz magerem Fleisch noch einen EL Schmalz dazugeben.

Sehr heiß servieren.

Lammeintopf

Für 4 bis 6 Personen:

Fleisch in Stücke schneiden und etwa 30 Minuten in Wasser kochen. Dann mit geviertelten Kartoffeln und dem geschnittenen Lauch, Petersilienwurzel, Möhren und Graupen weitere 30 Minuten auf kleiner Flamme kochen. Sodann die übrigen Zutaten beigeben, abschmecken und mit gewiegter Petersilie bestreut servieren.

Beilagen: frisches Roggenbrot

500 g Lamm-
fleisch
8 Kartoffeln
3 Stangen Lauch
1 Petersilien-
wurzel
2 Möhren
1 EL Butter
1½ l Wasser
getrocknetes
Pfefferminzkraut
8 EL Graupen
etwas Zucker
etwas Essig
Salz
weißer Pfeffer
Petersilie

Englische Lammsuppe

Für 6 Personen:

Lammfleisch in Würfel schneiden. In einem Suppentopf den gewürfelten Speck heiß werden lassen und darin die Zwiebelscheiben bräunen, die Fleischwürfel dazugeben. Gut und oft umrühren. Paprikaschoten, Knoblauchzehen in Scheiben, Lorbeerblatt, Kümmel, Salz, Pfeffer, Paprikapulver und Cayennepfeffer zufügen. Die Zutaten mengen und gar dünsten lassen. Die Kartoffeln schälen, in Würfel schneiden und zusammen mit den grünen Bohnen kochen. Später mit dem Kochwasser zum Fleisch geben. Erst ganz zuletzt die Sahne unterrühren. Kurz vor dem Servieren die Suppe mit gehackter Petersilie bestreuen und so heiß wie möglich servieren.

500 g Lammfleisch
50 g Speck
5 Zwiebeln
2 Paprikaschoten,
gewürfelt
2 Knoblauchzehen
1 Lorbeerblatt
1 TL Kümmel
Salz, Pfeffer
1 EL Paprikapulver
1 Prise
Cayennepfeffer
500 g Kartoffeln
150 g Brechbohnen
¼ l Sahne
Petersilie

Pikanter Lammeintopf mit Bohnen

Foto nebenstehend

1350 g Lammschulter
1 EL Butter
450 g weiße Bohnen (Dose)
1 TL Salz
450 g feingewürfelte Zwiebeln
3 Knoblauchzehen (gepreßt)
2 EL feingehackter Ingwer
3 TL Curry
350 g gewürfelte Tomaten
2 grüne Paprika, in Streifen
60 ml (4 EL) gehackte frische Pfefferminze oder 3 EL getrocknete Pfefferminze
55 ml Zitronensaft
225 g blanchierte, kleingeschnittene Karotten und Zucchini

Für 4 bis 6 Personen:

Butter erhitzen und die Zwiebeln darin andünsten, bis sie glasig sind. Knoblauch, Ingwer, Curry, Tomaten, Paprika, Pfefferminze, Zitronensaft und das Salz zufügen. Die Bohnen mit einer Tasse Wasser dazugeben und bei mittlerer Hitze leicht köcheln lassen.
Das Gemüse (225 g Karotten und Zucchini) putzen, kleinschneiden, blanchieren und das gewürfelte Lammfleisch dazugeben. Wenn nötig, noch etwas Flüssigkeit zufügen, alles zum Kochen bringen, etwa 30 bis 40 Minuten – je nach Größe der Fleischstücke – ziehen lassen und servieren.

Heiß servieren.

Beilage: frisches Vollkornbrot

Pikanter Lammeintopf mit Bohnen

Hotchpotch (Englischer Lammeintopf)

1 kg Lammkeule, entbeint
3 Zwiebeln
4 EL Butter
400 g Möhren
400 g weiße Rüben
1 Bd. Suppengrün
1 Nelke
Salz, Pfeffer
200 g Gersten- graupen
1 EL Petersilie

Für 6 Personen:

Die grobgehackten Zwiebeln mit dem gewürfelten Fleisch in dem heißen Fett gut anbraten, mit Wasser bedecken und im geschlossenen Topf bei mäßiger Hitze etwa 30 Minuten schmoren lassen. Die Möhren und die Rüben in Scheiben schneiden und mit dem Suppengrün, der Nelke, dem Salz und dem Pfeffer hinzugeben, eventuell Wasser nachgießen, zudecken und weiterkochen lassen. Zum Schluß die Gerstengraupen hineinschütten und im offenen Topf fertiggaren.
Das Gericht in eine vorgewärmte Schüssel geben, mit etwas Petersilie garnieren und sehr heiß servieren.

Lammfleisch mit Kartoffeln

1 vorderes Viertel oder
1 kg Lammfleisch
1½ l Salzwasser
1 Zwiebel
1 Möhre
1 Petersilien- wurzel
1 Sträußchen Borretsch
10 Pfefferkörner
⅛ l Essig
750 g Kartoffeln
30 g Butter
30 g Semmelbrösel
Petersilie

Für 6 Personen:

Das Fleisch in Salzwasser mit Zwiebel, Wurzelwerk, Pfefferkörnern, Borretsch und Essig 90 Minuten kochen. Dann die geschälten, rohen, geviertelten Kartoffeln dazugeben und alles fertigkochen.
Das Fleisch mit den Kartoffeln, den Wurzeln und einem Teil der Brühe anrichten und mit in Butter gerösteten Semmelbröseln und gewiegter Petersilie überstreuen.

Heiß servieren.

Beilage: Baguette, Brot

Finnischer Borschtsch

Für 4 Personen:

Lammknochen mehrere Stunden auskochen, die Brühe durchseihen. Das kleingeschnittene Weißkraut und Gemüse mit den Gewürzen in einen großen Topf füllen, das gewürfelte Fleisch dazugeben, die Brühe mit Wasser auffüllen. Auf kleiner Flamme 45 Minuten kochen lassen.

Beilage: frisches Schwarz- oder Graubrot

500 g Lammknochen
500 g Lammhals
1 kg Weißkraut
100 g rote Rüben
125 g Karotten
2 Stangen Lauch
100 g Sellerie
3 Lorbeerblätter
6 Wacholderbeeren
1 EL Kümmelpulver
Pfeffer, Salz

Serbischer Bohnentopf

Für 4 Personen:

Bohnenkerne 12 Stunden einweichen und abtropfen lassen. In Fleischbrühe auf kleiner Flamme 30 Minuten dünsten. Grüne Bohnen dazugeben, mischen und weitere 15 Minuten kochen. Entfettete Lammniere in dünne Scheiben schneiden. Das Fett der Niere kleinschneiden, anrösten, die Niere in dem Fett 10 Minuten dämpfen, mit Mehl überstäuben, mit einem Schuß Weißwein löschen. Die Niere unter die Bohnen mischen. Mit Pfeffer, Salz, geriebener Knoblauchzehe, geriebener Zwiebel und feingewiegtem Bohnenkraut würzen. Zugedeckt noch 5 Minuten ziehen lassen. Vor dem Servieren ½ Tasse saure Sahne unterziehen.

Heiß servieren.

Beilage: frisches Brot

1 Tasse weiße Bohnen
Fleischbrühe
500 g grüne Bohnen, geschnitzelt
1 Lammniere
Mehl
Weißwein
weißer Pfeffer
Salz
1 Knoblauchzehe
1 Zwiebel
Bohnenkraut
½ Tasse saure Sahne

Djuveč-Eintopf

1 kg Lammfleisch
1 kg Tomaten
500 g Zwiebeln
5 Paprikaschoten
1 Aubergine
2 Zucchini
je 1 EL gehackte
Petersilie und
Sellerieblätter
150 g Öl
Salz, Pfeffer
150 g Reis

Für 6 bis 8 Personen:

Zwiebeln kleinschneiden, Paprikaschoten entkernen und streifig schneiden. Aubergine und Zucchini in kleine Würfel schneiden. Die Zwiebeln zusammen mit den anderen Gemüsen und den Kräutern in eine Schüssel geben, salzen, pfeffern, mit dem Öl übergießen und wenigstens 1 Stunde ziehen lassen. Fleisch in kleine Stücke schneiden. Die Tomaten in Scheiben schneiden. Eine große, feuerfeste Schüssel gut fetten. In diese Schüssel die Hälfte der gesalzenen und leicht gepfefferten Tomaten schichten, darüber die Hälfte der Gemüse, dann das gewürzte Fleisch und schließlich die zweite Hälfte der Gemüse mit dem Reis. Den Abschluß bilden die restlichen Tomaten. Das Ganze mit ¼ bis ½ l Wasser begießen, zudecken und bei mäßiger Hitze 4 bis 5 Stunden im Ofen bei mittlerer Hitze garen lassen. Nach der halben Garzeit noch mal einige Tomatenscheiben auflegen.

Beilagen: saure Sahne und frisches Brot

Lammfleisch mit Kohlrabi

750 g Lammfleisch
500 g Kohlrabi
500 g Kartoffeln
Wasser, Salz
Pfeffer, Muskat
Petersilie

Für 6 Personen:

Kohlrabi schälen, in dünne Scheiben schneiden. Lammfleisch würfeln, Kartoffeln schälen und würfeln. Alles zusammen mit kochendem Salzwasser übergießen und 40 Minuten auf kleiner Flamme kochen lassen. Mit Pfeffer, Muskat und reichlich feingewiegter Petersilie würzen. Sehr heiß servieren.

Beilage: frisches Stangenbrot

Lammfleischpudding

Für 4 Personen:

Das Lammfleisch mit Speck, Zwiebeln und ausgedrückten Semmeln zweimal durch den Fleischwolf drehen, dann mit allen anderen Zutaten gut vermischen. Die Makkaroni kleinbrechen, in Salzwasser gar kochen und abtropfen lassen. Die Fleischmasse abwechselnd mit den Makkaroni in eine gefettete Puddingform füllen und im Wasserbad 90 Minuten kochen.

Heiß servieren.

Beilage: Tomaten- oder Senfsauce

375 g Lammfleisch
50 g frischer Speck
1 EL Zwiebelwürfel
2 Eier
¼ l warmes Wasser
⅛ l Sahne
1 bis 2 Semmeln
(einweichen)
2 TL Salz
etwas abgeriebene
Zitronenschale
8 bis 10 süße,
geriebene Mandeln
1 bis 2 EL geriebener Parmesan
100 g Makkaroni

Lammpastete

Für 4 Personen:

Schinken, Fleisch, die geschälte Zwiebel und Petersilie durch den Fleischwolf drehen. Reis, Eier und die Gewürze dazutun. Die Masse gut vermischen und den Fleischteig in eine gut gefettete Kasserolle geben und im vorgeheizten Backofen 60 bis 70 Minuten backen. Wenn fertig, auf eine Platte stürzen.

Nach Wahl heiß oder kalt servieren.

Beilage: Stangenbrot

250 g Lammfleisch
(Nacken)
200 g roher oder
gekochter
Schinken
1 Zwiebel
1 Bund Petersilie
2 Tassen gekochter Langkornreis
2 Eier
Salz, Pfeffer
Tabascosauce

Italienischer Lammtopf

1,5 kg Lamm-
fleisch von der
Schulter
1 kg festkochende
Kartoffeln
2 Zitronen
Salz, Pfeffer,
Safran
Olivenöl

Für 4 bis 6 Personen:

Das gewürfelte Fleisch salzen und pfeffern. Die geschälten Kartoffeln der Länge nach vierteln, in einer Schüssel
mit Salz, Pfeffer und Safran bestreuen, mischen und
½ Stunde ruhen lassen. Ab und zu vorsichtig umrühren.
In eine eingefettete, feuerfeste Form die Kartoffelstücke
und das Fleisch schichten. Mit Olivenöl, etwas heißem
Wasser und dem Saft der Zitronen begießen.
Bei mittlerer Hitze etwa 90 Minuten im Backofen
schmoren.

Beilage: Gurkensalat

Lammfleisch mit Meerrettich

750 g Lammfleisch
Salz, Essig
100 g Mohrrüben
100 g Zwiebeln
1 Stückchen
Sellerieknolle
1 Bd. Suppengrün
10 Pfefferkörner
½ TL Thymian
1 Lorbeerblatt
Petersiliengrün
2 EL Meerrettich

Für 6 Personen:

Das Fleisch in größere Stücke schneiden, mit kochendem Salzwasser überdecken, das mit etwas Essig ange-
säuert wurde, Pfefferkörner, Thymian und das Lorbeerblatt dazugeben. Das Fleisch etwa 60 Minuten halbweich
kochen. Dann das gleichmäßig geschnittene Suppengrün,
Zwiebeln, Mohrrüben und Sellerieknolle mitkochen.
Zum Schluß abschmecken. Das Fleisch in Portionsstücke
schneiden, auf Teller geben, Suppengrün und Gemüse
daraufgeben, mit Brühe übergießen und geriebenen
Meerrettich darüberstreuen.

Beilage: Salzkartoffeln

Steirischer Lammtopf

Für 4 bis 6 Personen:

Das in große Würfel geschnittene Lammfleisch mit dem gehackten Suppengrün, Mohrrüben, Majoran, Lorbeerblatt, Salz, Pfeffer und Essig in Wasser weich kochen. Dann die gewürfelten Kartoffeln dazugeben und ohne umzurühren weich kochen. Die Brühe muß klar bleiben. Das Fleisch mit Gemüse und Kartoffeln in einer Schüssel anrichten und die eingekochte Brühe darauf geben.

750 g Lammfleisch (Bug)
500 g Mohrrüben
Salz, Pfeffer
1 Bd. Suppengrün
3 EL Essig
2 TL Majoran
1 Lorbeerblatt
1 l Wasser

Lammfleisch mit Würzsauce

Für 4 Personen:

Das gewaschene Fleisch mit Suppengrün, Estragon, Sellerie, einer geviertelten Zwiebel in das kochende Salzwasser geben und 45 Minuten kochen. Die Brühe durchsieben und das Fleisch in Scheiben schneiden. Den Lauch in Ringe schneiden und im heißen Fett mit der restlichen gehackten Zwiebel bräunlich dünsten. Das Mehl dazugeben, dunkel anschwitzen, mit $\frac{1}{2}$ l Kochbrühe ablöschen, die Fleischscheiben einlegen und die Sauce noch 15 bis 20 Minuten bei geringer Hitze kochen. Zuletzt die kleingehackte Gewürzgurke hinzufügen und die Sauce mit Tabasco abschmecken.

Beilage: Nudeln

500 g Lammfleisch (Brust oder Hals)
1½ l Salzwasser
1 Bd. Suppengrün
Estragon
1 Stück Sellerie
2 Zwiebeln
1 Stange Lauch
30 g Fett
30 g Mehl
1 Gewürzgurke
2 Tropfen Tabasco

Jachnija (Bulgarischer Eintopf)

500 g Lammfleisch
1 kg Quitten
4 EL Sonnen-
    blumenöl
⅛ l Wasser
⅛ l trockener
    Rotwein
2 große Zwiebeln
½ TL Salz
2 Msp. Pfeffer
1 EL Honig
1 EL Essig
1 Becher Joghurt
2 Eigelb

Für 4 Personen:

Die Quitten mit einem trockenen Tuch abreiben und in Scheiben schneiden. 2 EL Sonnenblumenöl erhitzen, die Hälfte des Weins und des Wassers zugießen und die Quittenscheiben darin zugedeckt bei milder Hitze 25 Minuten dünsten. Das Fleisch in feine Streifen schneiden. Die Zwiebeln schälen und würfeln. Das restliche Öl in einer Pfanne erhitzen. Das Fleisch scharf darin anbraten. Die Hitze zurückschalten. Die Zwiebeln zugeben und bei mittlerer Hitze bräunen. Mit Salz und Pfeffer würzen. Den restlichen Wein und das Wasser zum Fleisch schütten, alles aufkochen lassen und zugedeckt 30 Minuten schmoren lassen. Die Quitten durch ein nicht zu feinmaschiges Sieb zum Fleisch passieren. Den Honig mit dem Essig verrühren, unter den Eintopf mischen und diesen eventuell noch mit Salz und Pfeffer abschmecken. Zuletzt den Joghurt mit den Eigelben verquirlen und den Eintopf damit legieren.

Beilage: Reis

Lammfleisch mit Zwiebel-Kümmel-Sauce

1 kg Lammschulter
Wasser, Salz
2 bis 3 Zwiebeln
1 bis 2 TL
schwarzer Kümmel
1 EL Suppenwürze
10 bis 15 g
Stärkemehl

Für 4 bis 6 Personen:

Das gewaschene, in kleinere Stücke geschnittene Fleisch mit den Zwiebeln in kochendes Salzwasser legen und etwa 90 bis 120 Minuten weich kochen. Wenn die Brühe geschäumt ist, Kümmel hineinschütten. Die Sauce mit Stärkemehl binden. Das Fleisch in der Sauce anrichten.

Beilage: Kartoffelbrei

Lammrippen mit grünen Bohnen

Für 6 bis 8 Personen:

Die Lammrippen werden in Stücke geschlagen, mit kochendem Salzwasser angesetzt und 60 Minuten gekocht. Dann werden die feingeschnittenen Bohnen mit dem Bohnenkraut dazugegeben und in 90 Minuten gar gekocht. Man bereitet mit Butter, Mehl und Brühe eine weiße Grundsauce, gibt sie zu Bohnen und Fleisch und schmeckt mit Salz und Pfeffer ab.

Beilage: frisches Baguette mit Kräuterbutter

*750 g Lamm-
rippen
Salz
weißer Pfeffer
¾ bis 1 kg
frische grüne
Bohnen
Bohnenkraut
2 l Wasser
30 g Butter
40 g Mehl*

Lammfleisch mit grünen Bohnen

Für 4 Personen:

Das Lammfleisch würfeln. Zwiebeln schälen, halbieren und in Scheiben schneiden. Beides mit reichlich Wasser aufsetzen. Etwa 20 Minuten kochen. Zwischendurch abschäumen. Grüne Bohnen putzen, waschen und brechen. Zum Fleisch geben. Bohnenkraut in ein Tee-Ei (oder Mullsäckchen) füllen und mitkochen. Nach weiteren 25 Minuten die geschälten und gewürfelten Kartoffeln zugeben. Mit Salz und Pfeffer würzen. Alles so lange kochen, bis das Fleisch weich ist und die Kartoffeln leicht zerkochen und das Gericht etwas binden. Alles durchmischen. Bohnenkraut entfernen. Beim Anrichten mit gehackter Petersilie bestreuen.
Dieser Eintopf ist leicht suppig und wird mit dem Löffel gegessen.

Beilage: frisches Brot

*600 g Lammfleisch
(Kamm oder
Nacken)
2 große Zwiebeln
1 kg grüne Bohnen
(oder Konserve)
½ TL Bohnen-
kraut
750 g Kartoffeln
Salz, Pfeffer
gehackte Petersilie*

Gebackene Lammkoteletts

12 Lammkoteletts
1 kg mehlige
Kartoffeln
2 große Zwiebeln
¼ l Sahne
50 g
Parmesankäse
3 Eigelb
80 g Butter
Pfeffer, Salz

Für 6 bis 8 Personen:

Die Koteletts in 50 g heißer Butter von beiden Seiten kurz anbraten, aus der Pfanne nehmen und warm stellen. In dem Bratenfett die feingeschnittenen Zwiebeln dünsten. Die Kartoffeln kochen, schälen und zusammen mit der restlichen Butter, Sahne, Eigelb, Parmesan, weißem Pfeffer und Salz zu einer dicklichen Masse rühren. In eine gefettete, feuerfeste Kasserolle eine Schicht der Kartoffelmasse füllen. Die Koteletts darauflegen. Darüber die Zwiebeln verteilen. Den Rest der Kartoffelmasse darauf glattstreichen. Mit etwas flüssiger Butter begießen und etwa 30 Minuten im vorgeheizten Backofen garen.

Lammcurry, einfach

750 g Lammfleisch
(Schlegel oder Bug)
Salz, Thymian
60 g Öl oder
Butter
4 Zwiebeln
2 Äpfel
2 TL Curry
¼ l Wasser
1 EL Mehl
20 g Butter

Für 4 Personen:

Das Lammfleisch in Würfel schneiden, mit Salz und Thymian würzen. In Öl oder Butter geschnittene Zwiebeln goldgelb dünsten, Apfelwürfel, Curry und das vorbereitete Fleisch zugeben. Mit Mehl überstäuben. Unter Zugießen der erforderlichen Flüssigkeitsmenge zugedeckt 90 Minuten gar dünsten.

Sehr heiß servieren.

Lammcurry mit Spinat und Reis

800 g mageres
Lammfleisch
3 Zwiebeln,
kleingehackt
50 g Butter
2 EL Öl
2 EL Curry
1 kg junger
Blattspinat
(notfalls tief-
gefroren)
150 g Reis
1 EL Tomaten-
mark
Salz, Pfeffer
2 EL Mandel-
splitter

Für 6 Personen:

Die Zwiebeln mit dem Fleisch in dem heißen Fett goldbraun anbraten, mit Wasser bedecken, würzen und bei mäßiger Hitze im geschlossenen Topf eine knappe Stunde schmoren lassen. Den Spinat vorbereiten und zusammen mit dem Reis und dem Tomatenmark zum Fleisch geben. Gut umrühren, mit Salz und Pfeffer abschmecken, etwas Wasser dazugießen und im offenen Topf fertiggaren. Das Gericht in einer vorgewärmten flachen Form ausbreiten. Die Mandelsplitter mit dem gehackten Knoblauch kurz rösten und darüberstreuen.

Sehr heiß servieren.

Lammpilaw
mit geriebenem Käse

Für 4 Personen:

Fleisch würfeln, Nieren aus dem Fett schälen und in ganz dünne Scheiben schneiden. Das Fett zerkleinern, mit der gleichen Menge geräucherter Speckwürfel in einer Kasserolle auslassen, darin 2 grobgehackte Zwiebeln bräunen, das Fleisch dazugeben, gleichmäßig rösten. Mit heißer Fleischbrühe löschen. Reis, Nierenscheiben und Tomatenmark dazugeben, mit Fleischbrühe auffüllen. Mit Rosenpaprika, geriebenem Knoblauch, Cayennepfeffer und Salz würzen, 10 Minuten kochen lassen, dann im fest verschlossenen Topf etwa 40 Minuten bei leichter Hitze gar ziehen lassen.
Vor dem Servieren mit 2 Gabeln den geriebenen Käse unter den Pilaw mischen.

Sehr heiß servieren.

Beilage: Tomatensalat

500 g Lammfleisch
2 Lammnieren
100 g geräucherter
Speck, gewürfelt
2 große Zwiebeln
2 Tassen heiße
Fleischbrühe
(instant)
2 Tassen Reis
4 EL Tomaten-
mark
1 EL Rosen-
paprika
4 Knoblauchzehen
Cayennepfeffer
Salz
125 g geriebener
Käse

Lammpilaw mit Tomaten
und grünen Bohnen

Für 6 Personen:

Das Fleisch waschen, abtrocknen und würfeln. Die geschälten Zwiebeln in Ringe schneiden. Öl in einem großen Topf erhitzen, die Fleischwürfel mit den Zwiebelringen unter häufigem Wenden von allen Seiten anbraten. Die geschälte Knoblauchzehe zerdrücken und mit Salz, Paprikapulver und Fleischbrühe zum Fleisch ge-

500 g Lamm-
schulter
5 Zwiebeln
4 EL Öl
½ Knoblauchzehe
½ TL Salz
½ TL Paprika-
pulver, scharf

1½ l Fleischbrühe
200 g grüne
Bohnen
(notfalls Konserve)
150 g Langkorn-
reis
500 g Tomaten
½ EL gehackter
Dill
½ EL gehackter
Borretsch

ben. Alles zum Kochen bringen und zugedeckt bei milder Hitze 60 Minuten kochen. Die gebrochenen Bohnen und den Reis zum Fleisch geben und in weiteren 20 Minuten garen. Die Tomaten häuten, in Scheiben schneiden und 10 Minuten vor Ende der Garzeit in dem Eintopf mitgaren. Den Pilaw vor dem Servieren mit den gehackten Kräutern bestreuen.

Foto nebenstehend

Lammcurry auf klassische Art

Für 4 Personen:

1 kg Lammkeule
oder -schulter
1 l Geflügelbrühe
(instant)
2 EL Mehl
1 große Zwiebel
2 El Öl oder Butter
1 EL Curry
¼ TL Ingwerpulver
1 Apfel
2 EL Tomaten-
mark
2 EL Crème
fraîche
etwas Salz
Pfeffer
Zucker

Vom Fleischstück, sofern nicht vom Fleischer gemacht, Knochen auslösen, Häute und Fett ablösen und in der Geflügelbrühe etwa 30 Minuten auskochen. Das schiere Fleisch in etwa 3 cm große Stücke schneiden und in Mehl wenden. Zwiebeln schälen und würfeln. Fett im Schmortopf stark erhitzen, das Fleisch hineingeben und unter häufigem Wenden rasch goldbraun braten. Zwiebeln, Curry und Ingwerpulver gut daruntermischen, mit Geflügelbrühe auffüllen und nun zugedeckt über schwacher Hitze etwa 30 Minuten leise schmoren lassen. In der Zwischenzeit den Apfel schälen, vierteln, entkernen und in Würfel schneiden. Zum Fleisch geben, Tomatenmark und Crème fraîche mit der Sauce glatt verrühren, diese dann mit Salz, Pfeffer, einer Prise Zucker und nach Geschmack noch etwas Curry würzen. Zugedeckt weitere 15 Minuten garen, dann mit Reis servieren.

Dazu Schälchen mit Chutney, Kokosraspeln, eingeweichten Rosinen, Erdnüssen und eingelegten Gurken anrichten.

Lamm-Curry auf klassische Art

Lammpilaw mit Rosinen und Mandeln

500 g Lammfleisch
(Brust oder
Nacken)
2 Zwiebeln
1 Knoblauchzehe
3 EL Öl
¼ l heiße Fleisch-
brühe
2 gehäufte TL Salz
½ TL Pfeffer
2 EL Tomaten-
mark
100 g Rosinen
2 l Wasser
250 g Reis
100 g geschälte
Mandeln
1 EL Butter

Für 4 Personen:

Das Fleisch in grobe Würfel schneiden. Die Zwiebeln und die Knoblauchzehe schälen und fein hacken. Fleischwürfel in einem großen Topf in dem Öl von allen Seiten anbraten, Zwiebeln und Knoblauch zugeben und goldgelb braten. Mit der heißen Brühe ablöschen. ½ TL Salz, den Pfeffer und das Tomatenmark zugeben. Bei schwacher Hitze zugedeckt 60 Minuten garen. Nach 45 Minuten die gewaschenen Rosinen zugeben. Inzwischen den Reis kochen, abgießen, mit heißem Wasser abspülen und in einem Sieb abtropfen lassen. Mandeln in Butter goldgelb rösten. Den Reis unter das Fleisch mischen, den Pilaw auf eine Platte häufen und mit den gerösteten Mandeln garnieren.

Beilage: Kopfsalat oder Weißkohlsalat

Lammpilaw mit Tomaten

500 g Lammfleisch
von der Schulter
40 g Butter
4 Zwiebeln
Salz
Pfeffer
Knoblauch
¾ l heiße Bouillon
oder Wasser
200 g Reis
250 g Tomaten

Für 4 Personen:

Das Fleisch in größere Würfel schneiden, in heißer Butter von allen Seiten anbraten, grobgewürfelte Zwiebeln und etwas zerdrückten Knoblauch beigeben und etwa 5 Minuten weiterbraten, salzen und pfeffern sowie mit heißer Bouillon angießen. Bei mittlerer Hitze 60 Minuten zugedeckt kochen. Den Reis nach 40 Minuten Kochzeit beigeben und mitkochen lassen. Die gewaschenen, entkernten und grobwürfelig geschnittenen Tomaten 5 Minuten vor dem Ende der

Garzeit beigeben. In 1 EL heißer Kochflüssigkeit den Edelsüßpaprika auflösen und dazugeben, mit Zucker nachwürzen und abschmecken. Gegebenenfalls die Sauce etwas andicken.

*1 Msp. Edelsüß-
paprika
Prise Zucker*

Lamm-Kidneybohnen-Ragout

Für 4 Personen:

Das gewürfelte Fleisch in eine Pfanne geben und langsam im eigenen Fett anbraten. Die Zwiebeln hinzufügen und 5 Minuten mitbraten. Alle Zutaten bis auf das Stärkemehl in die Pfanne geben und zum Kochen bringen. Den Deckel auflegen und bei milder Hitze 90 Minuten köcheln lassen. Falls erwünscht, die Sauce mit dem Stärkemehl andicken. Vor dem Servieren nachwürzen.

Beilage: Reis

*500 g Lammfleisch
225 g Perlzwiebeln
425 g Kidneybohnen aus der Dose
425 g Dosentomaten
2 TL Cayennepfeffer
300 ml Fleischbrühe
Salz, Pfeffer
2 TL Stärkemehl, mit 1 EL Wasser angerührt*

Bourgeoise-Ragout

Für 4 Personen:

Die Zwiebel und die Schalotten fein hacken und in 1 EL Butter bräunen. Das gewürfelte Lammfleisch reichlich würzen und in der restlichen Butter 5 Minuten braten. Die Zwiebel, die Schalotten, ½ Tasse heißes Wasser, Mehl und Tomatenmark zugeben und alles ungefähr 40 Minuten langsam kochen lassen. Vor dem Anrichten das Olivenöl unterrühren.

Beilage: Kartoffelpüree

*750 g Lammfleisch
1 Zwiebel
4 Schalotten
3 EL Butter
1 Msp. Mehl
2 EL Tomatenmark
1 EL Olivenöl
Salz, Pfeffer*

Lammragout – Grundrezept

750 g Lammfleisch
(Hals, Brust,
Schulter)
Möhren
Zwiebeln
Knoblauchzehen
Tomatenmark
Suppenkräuter
Brühe (instant)
Mehl
Petersilie
Salz
Pfeffer

Für 4 Personen ca. 750 g Fleisch

Dazu verwendet man Hals, Brust oder Schulter, ausgebeint, grobwürfelig geschnitten. Mit würfelig geschnittenen Möhren und Zwiebeln in heißem Fett anrösten, mit Mehl stäuben, würzen, mit Tomatenpüree und zerdrücktem Knoblauch verrühren, mit Saucenfond oder gekörnter Brühe aufgießen, ein Kräuterbündel beigeben und zugedeckt im heißen Ofen schmoren lassen. Das Fleisch herausnehmen, sobald es weich ist. Die angebräunten Zwiebeln, die geschnittenen und angerösteten Möhren in den Sud geben, passieren, die entfettete Sauce dazugießen. Fertig schmoren. Mit gehacktem Petersiliengrün bestreut anrichten.

Variationen

Lammragout auf bürgerliche Art

Möhren
weiße Rüben
kleine Zwiebeln

Ein Lammragout nach Grundrezept bereiten. Dazu gibt man extra noch kugel- oder olivenförmig geschnittene Möhren und weiße Rüben sowie glasierte Zwiebelchen.

Lammragout auf indische Art

Das Fleisch grobwürfelig schneiden, salzen, pfeffern und mit viel gehackten Zwiebeln in heißem Fett anrösten, mit Curry und Mehl bestäuben, anschwitzen lassen und mit Fleischbrühe oder braunem Fond aufgießen.
Gar schmoren. Die Sauce mit Sahne verfeinern.

Beilage: Reis

Zwiebeln
Curry
Mehl
saure Sahne

Lammragout auf rheinische Art

Das Fleisch grobwürfelig schneiden, mit Salz, Pfeffer, etwas Kümmel und zerdrücktem Knoblauch in heißem Fett anbräunen, gehackte Zwiebeln und würfelig geschnittenen Magerspeck mitrösten, mit Mehl stäuben, durchrösten, mit Bouillon aufgießen und schmoren. Nach dem Garwerden das Ragout mit Essig und Pfeffer kräftig würzen und abschmecken, mit vorgekochten weißen Bohnen vermischen.

Kümmel
Magerspeck
Essig
weiße Bohnen

Lammragout auf Lothringer Art

Das in Stücke geschnittene Fleisch in Olivenöl leicht anbraten, etwas Salz und etwas Zucker hinzugeben, der mitbräunen muß, um dem Ragout die schöne Farbe zu geben, mit 2 Tassen Bouillon oder gekörnter Brühe löschen, 4 bis 5 zerschnittene Tomaten, 8 bis 10 Oliven und 2 Zehen Knoblauch hinzugeben.
Zum Schluß 2 Tassen vorher geweichte weiße Bohnen einlegen und mit Bouillon auffüllen. In gut verschlossenem Topf etwa 60 Minuten gar dämpfen lassen.

Olivenöl
Zucker
Tomaten
Oliven
weiße Bohnen

Englisches Lammragout

Foto nebenstehend

750 g Lamm-
schulter ohne
Knochen
2 kleine Zwiebeln
oder Schalotten
200 g frische
Champignons
75 g Butter
1 Becher saure
Sahne oder
Crème fraîche
½ Bund Petersilie
Salz
schwarzer Pfeffer

Für 4 Personen:

Überflüssiges Fett vom Lammfleisch abschneiden und in einem Schmortopf bei milder Hitze auslassen. Das Fleisch schräg zur Faser schnetzeln. Die Zwiebeln oder Schalotten schälen und hacken. Champignons putzen, waschen, dann gründlich abtrocknen und in dünne Scheiben schneiden. Die Fettgrieben aus dem Topf nehmen und 30 g Butter zufügen. Das Fleisch darin unter Rühren 5 Minuten anbraten, dann den Topf vom Herd nehmen. In einer Pfanne die restliche Butter erhitzen. Die Zwiebeln darin glasig werden lassen, dann die Champignons zufügen und alles so lange braten, bis sie eben beginnen, Flüssigkeit abzugeben. Schnell mit der sauren Sahne unter das Fleisch mischen und alles zusammen 5 Minuten bei ganz milder Hitze schmoren lassen. In der Zwischenzeit Petersilie abspülen, trocken-tupfen, hacken und unter das Geschnetzelte rühren. Das Gericht mit Salz und Pfeffer abschmecken.

Beilagen: Reis oder frisches Brot

Englisches Lammragout

RAGOUTS

Lammragout mit Honig und Ingwer

750 g Lammfleisch
Salz
100 g Quark
5 Zwiebeln
½ Tasse Butter
Pfeffer
Gewürzkräuter
1 EL Honig
1 TL Ingwersaft
Zitronensaft

Für 4 bis 6 Personen:

Das Fleisch von den Knochen lösen, würfeln und etwa 30 Minuten lang in Salzwasser kochen. Dann die Fleischwürfel mit Quark vermengen und mit Zwiebelringen in reichlich Butter goldbraun braten. Mit der Fleischbrühe aufgießen, Gewürzkräuter beigeben und so lange kochen lassen, bis sich eine sämige Sauce bildet und das Fleisch weich ist. Mit Salz und Pfeffer würzen. Honig und Ingwersaft verrühren, Zitronensaft beigeben und damit das Ragout vollenden.

Beilage: Reis

Lammragout mit Tomaten

750 g Lammfleisch
2 Tassen Zwiebelwürfel
2 Knoblauchzehen
5 Tomaten
1 Bund Suppenkräuter
1 Petersilienwurzel
1 kleine Dose Tomatenmark
3 EL saure Sahne (Rahm)
Salz, Pfeffer

Für 4 Personen:

Fleisch in kleine Würfel schneiden, leicht pfeffern, salzen und von allen Seiten mit Zwiebeln und Knoblauch gut anbräunen. Suppenkräuter, Petersilienwurzel und Tomaten waschen, kleinschneiden und zu dem Fleisch geben. Deckel auflegen und bei milder Hitze 45 Minuten garen. Tomatenmark mit der Sahne verquirlen und unter das Ragout rühren.

Beilage: Kartoffeln oder Reis

Lammragout mit Mango-Chutney

Für 4 Personen:

Das Lammfleisch grobwürfelig, den Speck kleinwürfelig schneiden. Zwiebeln und Lauch in Ringe schneiden, Paprikaschote grob würfeln. Den Apfel vierteln, entkernen und in Scheiben schneiden. 1 EL Öl in einer Pfanne erhitzen, den Speck darin glasig werden lassen und die Fleischwürfel kräftig anbraten. Das restliche Öl in einer Kasserolle erhitzen, die Zwiebeln darin anbraten, den Lauch, die Paprikaschote und den Apfel dazugeben. Mit Sojasauce, Mango-Chutney, Curry, Salz, Pfeffer und der zerdrückten Knoblauchzehe würzen und die Fleischbrühe zugießen. Das angebratene Lammfleisch dazugeben und alles bei mittlerer Hitze 30 bis 40 Minuten garen. Das Mehl mit wenig Wasser anrühren und das Gericht damit binden.

Beilage: Reis oder Nudeln

600 g Lammfleisch
50 g durchwachsener Speck
2 große Zwiebeln
1 Knoblauchzehe
1 Stange Lauch
1 grüne Paprikaschote
1 säuerlicher Apfel
3 EL Öl
1 EL Sojasauce
1 EL Mango-Chutney (Glas)
1 TL Curry
Salz, Pfeffer
½ l Fleischbrühe (instant)
1 EL Mehl

Lammragout mit Rotwein

Für 4 Personen:

In heißem Fett geschnittenes Wurzelwerk und Zwiebeln hellbraun anrösten, das in Stücke geschnittene Fleisch, Pfefferkörner, Thymian und Wasser zugeben und weich dünsten. Das Fleisch herausnehmen, das Wurzelwerk mit Mehl stäuben und anrösten. Sud mit etwas Wasser aufgießen, die Sauce passieren, mit Rotwein abschmekken und das Fleisch noch 10 Minuten darin kochen lassen.

Beilagen: Kartoffeln, Knödel, Spätzle, Makkaroni

750 g Lammfleisch
60 g Fett
Wurzelwerk
2 Zwiebeln
Pfefferkörner
Thymian
½ l Wasser
2 EL Mehl
4 EL Rotwein

Lammragout »Bonne Femme«

750 g Lammfleisch
2 EL Butter
1 Zwiebel
1 Knoblauchzehe
Salz, Pfeffer
1 EL Mehl
Wein
½ Zitrone (Saft)
1 EL Tomaten-
mark
125 g Karotten
125 g kleine runde
Kartöffelchen
125 g Erbsen

Für 4 Personen:

Die gehackte Zwiebel in der Butter leicht anrösten. Das in große Würfel geschnittene Lammfleisch, den zerdrückten Knoblauch und die Gewürze zugeben, alles leicht anbraten. Das Mehl darüberstreuen und mit etwas Wasser, Wein und Zitronensaft übergießen. Das Tomatenmark beifügen und zugedeckt 45 Minuten dämpfen. Die in Scheiben oder Streifen geschnittenen Karotten, danach die Kartoffeln und zuletzt die frischen Erbsen zugeben. Ist alles gar, das Lammragout auf eine heiße Platte häufen und mit dem Gemüse umlegen.

Lammragout mit Teltower Rübchen

750 g Lamm-
gulasch
1 feingehackte
Zwiebel
2 EL Butter, Salz
weißer Pfeffer
⅜ l klare Brühe
(instant)
¼ l herber
Weißwein
375 g Teltower
Rübchen
375 g Möhren
einige Zweige Dill
4 Eigelb
5 EL Schlagsahne

Für 4 Personen:

Das Fleisch in der heißen Butter anbraten, dann die Zwiebel zugeben und mit Salz und Pfeffer würzen. Wenn die Zwiebel goldbraun ist, alles mit der Brühe und dem Weißwein ablöschen und zugedeckt etwa 45 Minuten schmoren lassen. In der Zwischenzeit die Rübchen und Möhren putzen und in Scheiben schneiden, etwa 15 Minuten vor Ende der Garzeit zum Fleisch geben und mitschmoren lassen. Eigelb und Schlagsahne verquirlen, feingehackten Dill untermischen und alles vorsichtig unter das Ragout rühren, nicht mehr kochen lassen. Mit Salz und Pfeffer abschmecken und heiß servieren.

Lammragout mit Datteln und Trauben

Für 4 Personen:

Zwiebeln und Knoblauch sauber schälen. Die Zwiebeln achteln, den Knoblauch zerdrücken.

Das Fleisch in feine, nicht zu lange Streifen schneiden, dann in dem erhitzten Öl kräftig anbraten, Zwiebeln und Knoblauch zugeben und kurz mitdünsten. Mit Mehl überstäuben und mit Brühe und Wein ablöschen. Gewürze dazugeben und alles etwa 60 Minuten schmoren lassen, ab und zu vorsichtig umrühren.

Nach der Garzeit die halbierten und entkernten Trauben sowie die frischen Datteln, entkernt und in Streifen geschnitten, untermischen und kurz mitkochen. Abschmecken und servieren.

Beilage: Reis oder Spätzle

700 g Lamm-
fleisch (Keule)
200 g Zwiebeln
2 Knoblauchzehen
2 EL Öl
20 g Mehl
½ l Brühe (instant)
⅛ l trockener
Weißwein
Salz
schwarzer Pfeffer
1 Prise Koriander
2 Lorbeerblätter
150 g grüne
Weintrauben
200 g Datteln

Lammragout mit Zitrone

Für 4 Personen:

Das Fleisch in Würfel schneiden, salzen und pfeffern. Die Zwiebeln schälen und in der Butter braten. Das Öl und Fleisch dazugeben und anbraten. Mit Mehl bestäuben und durchrühren. Mit Zitronensaft und Wein ablöschen. Estragon, zerdrückten Knoblauch und Zucker dazu. Etwa 60 Minuten zugedeckt schmoren lassen. Zum Schluß den Rahm einrühren und nochmals kurz aufkochen lassen.

Beilage: Reis

750 g Lamm-
fleisch
30 kleine Zwiebeln
50 g Butter
¼ l Sahne
1 Glas trockener
Weißwein
2 große Zitronen
(Saft)
1 EL Olivenöl
1 EL Zucker
2 Knoblauchzehen
2 EL Mehl
Salz, Pfeffer
Estragon

Landessen auf Alemannenart

800 g Lamm-
fleisch
2 große Zwiebeln
1 Knoblauchzehe
4 EL Olivenöl
4 grüne
Paprikaschoten
3 EL Tomaten-
mark
1 EL gehackte
Petersilie
1 EL (wenn
möglich frische)
krause Minze
1 TL Paprika,
edelsüß
1 kleine Peperoni
Salz, Pfeffer
½ l trockener
Weißwein

Für 6 Personen:

Das Fleisch mundgerecht würfeln. Zwiebel und Knoblauch schälen und fein hacken, dann im Öl glasig dünsten. Das Fleisch salzen, pfeffern und dazugeben. Rundum anbraten. Die Paprikaschoten entkernen und in dünne Streifen schneiden, zum Fleisch geben und kurz mitdünsten. Dann Tomatenmark, Minze, Peperoni, Bohnenkraut, Petersilie und Paprikapulver dazugeben und gut miteinander vermengen. Das Ganze in eine ausgefettete Auflaufform geben, mit der Hälfte des Weins begießen und zugedeckt im Backofen etwa 180 Minuten bei mittlerer Hitze garen lassen. Während des Garens Wein nachgießen.

Beilage: Stangenweißbrot

Landessen auf Tunesierart

750 g mageres
Lammfleisch,
gewürfelt
(Hals, Rücken
oder Brust)
1 Tasse Essig
40 g Fett
½ l Wasser
5 bis 6 EL
Tomatenmark

Für 4 Personen:

Die Fleischwürfel mit dem kochendheißen Essig übergießen und über Nacht darin stehenlassen. Am Tage darauf die abgetropften Fleischwürfel im heißen Fett anbraten, mit Essig und Wasser ablöschen, Tomatenmark unterrühren und bei geringer Hitze etwa 60 Minuten gar schmoren.

Beilagen: Kartoffelpüree und Salat

Landessen auf Türkenart

Für 4 Personen:

Das Lammfleisch in Würfel schneiden, in der Butter mit der Zwiebel bräunen, mit etwas heißem Wasser begießen und etwa 60 Minuten schmoren lassen. Die durchgebrochenen Bohnen und die Paprikaschote dazugeben und halbgar kochen. Dann die in Stücke geschnittenen Kartoffeln, die saure Sahne, zuletzt die in Scheiben geschnittenen Tomaten – die vorher gebrüht und abgezogen werden können – dazugeben und alles langsam in etwa 90 Minuten gar schmoren lassen.

500 g Lammfleisch
1 bis 2 Zwiebeln
in Würfeln
30 g Butter
Wasser
500 g grüne
Bohnen
1 Paprikaschote
(geschnetzelt)
250 bis 500 g
Tomaten
500 g Kartoffeln
Salz
⅛ l saure Sahne

Landessen auf Haiduckenart

Für 6 Personen:

Das Fleisch in Stücke schneiden und mit den kleingeschnittenen Zwiebeln in Schweineschmalz in einer feuerfesten Schüssel mit Deckel anbraten. Dann mit Mehl bestäuben, umrühren, 2 Tomaten, geschält und in Scheiben, zugeben. Mit Salz, Pfeffer und den zerdrückten Knoblauchzehen würzen. 2 Tassen Wasser zugießen und im Backofen (200 Grad) 30 Minuten garen. Danach die gewürfelten Kartoffeln und die zerriebenen Pfefferminzblätter zufügen und für weitere 45 Minuten in den Ofen stellen. Zuletzt die Pilze zugeben, ebenso die Peperoni (nicht zerkleinern, damit man sie nachher wieder herausnehmen kann) und die restlichen beiden Tomaten in Scheiben. Eventuell etwas Wasser zugießen, nicht zuviel, damit das Gericht nicht zu suppig wird. Alles zusammen muß nochmals für 30 Minuten in den Ofen. Vor dem Servieren wird alles mit der Petersilie bestreut.

750 g Lammfleisch
3 Zwiebeln
80 g Schweine-
schmalz
1 EL Mehl
4 Tomaten
Salz, Pfeffer
2 Knoblauchzehen
4 Kartoffeln
1 TL zerriebene
Pfefferminzblätter
250 g Pfifferlinge
(notfalls
Champignons)
2 kleine Peperoni
2 EL gehackte
Petersilie

Couscous

300 g Lammfleisch vom Bug
300 g Rindfleisch zum Kochen
½ Huhn
Salz, Pfeffer
2 Lorbeerblätter
3 Möhren
½ Sellerieknolle
2 große Zwiebeln
2 Stangen Lauch
2 Paprikaschoten
1 Aubergine
2 Zucchini
1 TL Paste aus spanischem Pfeffer*
500 g Couscous-Grieß (wird in Delikatessenge-schäften verkauft)
150 g Butter

Für 6 bis 8 Personen:

Alles Fleisch außer Huhn in reichlich Salzwasser kochen. Als Gewürz Pfeffer, Lorbeerblätter, die ganzen Möhren und Selleriescheiben dazugeben. 45 Minuten kochen. Dann Huhn, Zwiebelscheiben, halbierte Lauchstangen, entkernte und grobgeschnittene Paprikaschoten, ge-schälte und in dicke Scheiben geschnittene Aubergine, geschälte und in dicke Scheiben geschnittene Zucchini zugeben. Weitere 60 Minuten kochen. Kurz vor dem Anrichten eine Tasse Brühe mit der scharfen Pfefferpaste vermischen und separat als Sauce reichen. Vor dem Servieren das Fleisch in Portionsstücke teilen. Der Couscous-Grieß wird von Anfang an in einem feinmaschigen Sieb über die Brühe gehängt. Der Deckel muß während der ganzen Kochzeit fest aufliegen. Man kann auch einen Dampftopf nehmen, der einen Einsatz hat. Ventil offenlassen! Der Couscous-Grieß ist gleich-zeitig mit dem Fleisch gar. In einer Schüssel noch etwas Butter unterrühren. Couscous-Grieß, Fleisch, Gemüse und Brühe kommen zusammen auf den Tisch. Die scharfe Sauce dazugeben.

*(Harissa, wird in Delikatessengeschäften auch als Cous-cous-Paste verkauft, wenn nicht zu bekommen, dann mischt man Tomatenmark mit Tabascosauce)

Sehr heiß servieren.

Beilage: frisches Stangenweißbrot

SCHMOREN

Senfbraten

500 g Lamm-
fleisch (Keule oder
Schulter)
Senf
40 g Fett
1 Zwiebel
1 Karotte
1 Knoblauchzehe
1 Prise Thymian
Salz, Pfeffer
¼ l Wasser
1 EL Stärkemehl
¼ l saure Sahne
4 EL Rotwein

Für 4 Personen:

Das gehäutete und gewaschene Fleisch mit Senf bestreichen. Im heißen Fett mit der gehackten Zwiebel, der gewürfelten Karotte und zerdrückten Knoblauchzehe sowie den Gewürzen anbraten. Das kochende Wasser darübergießen und das Fleisch unter öfterem Begießen im Backofen etwa 90 Minuten garen. Den Bratensud vor dem Anrichten durchsieben und wenn nötig entfetten. Das mit der Sahne angerührte Stärkemehl dazugeben und nochmals aufkochen, mit Rotwein abschmecken. Den Lammbraten aufschneiden und sehr heiß servieren.

Beilagen: Kartoffelpüree und Gemüse

Lammkrone auf klassische Art

2 kg Lammrücken
Salz
schwarzer Pfeffer
1 TL Thymian
2 Knoblauchzehen
Rotwein
Sahne
Speisestärke

Für 8 bis 10 Personen:

Lammrücken vom Schlachter zu einer Krone binden lassen. Mit Salz, Pfeffer, Thymian und zerdrücktem Knoblauch würzen. Krone in einen Bräter legen, mit etwas Wein begießen und mit Alufolie abdecken. Etwa 130 Minuten bei mittlerer Hitze garen. Etwa 60 Minuten vor Ende der Garzeit die Folie abnehmen, damit das Fleisch bräunt. Aus dem Bratfond, Wein, Wasser, Sahne und der Speisestärke eine Sauce bereiten, mit Salz und Pfeffer abschmecken. Fleisch vom Knochen lösen, in Scheiben schneiden, möglichst in Kronenform zusammenlegen und servieren.

Beilage: Kartoffelbällchen

Lammkrone mit Trauben

Für 6 bis 8 Personen:

Den Lammrücken vom Schlachter in der Mitte der Wirbelsäule entlang teilen und zu einer Krone zusammenbinden lassen. Die oberen Rippenknochen gut vom Fleisch lösen, salzen, pfeffern. Mit geschnittener Karotte und dem gehackten Suppengrün im heißen Fett anbraten. Dann ablöschen und auf den Rost über der Fettpfanne in den Backofen legen. Wasser oder Brühe mit Karotte und Suppengrün in die Fettpfanne geben. Den Braten im Backofen etwa 90 Minuten garen. Die Sauce aus der Fettpfanne durchsieben und mit dem mit Dosenmilch angerührten Stärkemehl binden. Vor dem Anrichten die Rippen mit Trauben oder Mandarinenspalten garnieren.

Beilagen: Reis und Gemüse nach Wahl

2 kg Lammrücken
Salz, Pfeffer
1 Karotte
Suppengrün
60 g Fett
⅜ l Wasser
oder Brühe
1 EL Stärkemehl
⅛ l Dosenmilch
20 bis 25 grüne
Weintrauben oder
Mandarinen-
spalten aus der
Dose

Lammrücken auf klassische Art

Für 4 bis 6 Personen:

Das Fleisch würzen – das Fett nicht entfernen! In einer Kasserolle die Butter zergehen lassen, die Speckscheiben leicht anbraten und die geviertelte Zwiebel, Tomate und das Fleisch zugeben. Unter häufigem Begießen etwa 80 Minuten zugedeckt weich dämpfen. Ab und zu etwas Wasser zugeben. Zuletzt Deckel abnehmen und das Fleisch im Bratfett knusprig werden lassen. Aus dem Bratensatz mit Mehl, Wasser und Sahne eine sämige Sauce bereiten.

Beilagen: Kartoffeln und Erbsengemüse

1 Stück Lamm-
rücken
2 EL Butter
einige Speck-
scheiben
1 Zwiebel
1 Tomate
Salz, Paprika
1 EL Mehl
1 Tasse
saure Sahne

Lammkrone mit Brokkolipüree und buntem Gemüse

1 Lammrücken
von ca. 1700 g,
in 2 Kotelett-
stränge mit je
8 Koteletts
geteilt, vom
Fleischer zur
Krone anfertigen
lassen
600 g Brokkoli
1 große Zwiebel
4 EL Butter
1 Kartoffel,
etwa 100 g,
mehlige Sorte
2 Bd. glatte
Petersilie
2 Knoblauchzehen
0,2 l trockener
Weißwein
2 Eigelb
3 EL Öl
300 g Schalotten
300 g Möhren
0,2 l Gemüse-
brühe
Salz
Pfeffer aus der
Mühle
Paprika, edelsüß

Für 8 Personen:

Das Fleisch kräftig mit Salz, Pfeffer und Paprika einrei-ben. Den Brokkoli putzen, in Röschen teilen und die Stengel schälen. Die Hälfte der Röschen und die Stengel in kochendem Salzwasser 8 Minuten weich kochen. Herausnehmen, mit kaltem Wasser abschrecken, gut abtropfen lassen und im Mixer pürieren. Die Zwiebel schälen, fein hacken und in 2 EL heißer Butter andün-sten. Die Kartoffel schälen und dazureiben. Die Petersilie waschen, von den Stengeln zupfen, fein hacken und zufügen. Den Knoblauch schälen und durch die Presse dazudrücken. Mit Weißwein aufgießen und 8 Minuten köcheln lassen, bis fast alle Flüssigkeit verdampft ist. Diese Mischung unter das Brokkolipüree mischen und kräftig würzen. Dann das Eigelb unterrühren. Den Backofen auf 220 Grad vorheizen. Die Lammkrone mit den Rippenspitzen nach oben in einen geölten Bräter stellen. Die Rippenspitzen mit Alufolie umwickeln. Das Brokkolipüree in die Mitte füllen. Das Fleisch rundum gut einölen. Die Lammkrone in den vorgeheizten Backofen stellen und 10 Minuten braten. Dann die Hitze auf 180 Grad reduzieren und weitere 60 Minuten garen. Nach Garzeitende 10 Minuten im ausgeschalteten Backofen ruhen lassen. Inzwischen die Schalotten schälen, je nach Größe ganz lassen oder einmal halbieren. Die Möhren schälen und in 1 cm breite Scheiben schneiden. Das Gemüse in der restlichen Butter kurz andünsten, salzen, pfeffern und mit Gemüsebrühe aufgießen. 15 Minuten köcheln lassen. Die Brokkoliröschen untermischen und weitere 5 Minuten garen. Zum Servieren die Lammkrone auf eine Platte setzen und mit dem Gemüse umgeben. Den Bratensaft würzen und dazu reichen.

Lammkrone mit Brokkolipüree und buntem Gemüse

Milchlamm mit neuen Kartoffeln

1 kg Milchlamm
ohne Knochen
800 g neue
Kartoffeln
1 dl Olivenöl
1 EL Rosmarin
Salz, Pfeffer
1 dl Weißwein
1 Knoblauchzehe

Für 4 Personen:

Die gewaschenen Kartoffeln 20 Minuten kochen, dann abtropfen lassen. Das Fleisch mit Öl, Rosmarin, Salz und frisch gemahlenem Pfeffer und der zerquetschten Knoblauchzehe in eine Kasserolle geben und in den auf 180 Grad vorgeheizten Backofen stellen. Nach rund 20 Minuten Wein dazugießen, das Fleisch wenden und etwa 30 Minuten weitergaren, ab und zu mit dem Bratensaft begießen. Die Kartoffeln dazugeben und weitere 10 bis 15 Minuten fertiggaren. In der Kasserolle heiß servieren.

Beilage: Kopfsalat

Heidschnuckenbraten

2 kg Heid-
schnuckenkeule
Salz
schwarzer Pfeffer
2 Zwiebeln
3 Mohrrüben
1 Sellerieknolle
Öl zum Anbraten
4 Lorbeerblätter
⅛ l Fleischbrühe
(instant)
Stärkemehl zum
Binden der Sauce
⅛ l saure Sahne

Für 8 Personen:

Die Keule mit Salz und Pfeffer einreiben. Gemüse putzen, waschen und kleinschneiden. Das Öl in einem Bräter erhitzen, die Keule darin ringsum kräftig braun anbraten. Das Gemüse und Lorbeerblätter zufügen und mit der heißen Fleischbrühe ablöschen. Den Topf schließen und im Backofen etwa 90 Minuten braten. Während der Bratzeit ab und zu übergießen. Wenn das Fleisch gar ist, auf eine Platte legen und warm stellen. Den Bratenfond mit Wasser loskochen, durchsieben, mit angerührtem Stärkemehl binden und mit Sahne abschmecken.

Beilagen: Salzkartoffeln und frische grüne Bohnen

Lammbraten »Extra«

Für 4 Personen:

Das Fleisch mit der zerdrückten Knoblauchzehe, Salz und Pfeffer einreiben und mit dem Senf bestreichen. Das Bratfett erhitzen, das Fleisch in einer feuerfesten Kasserolle mit dem heißen Fett begießen und im Backofen bei 220 Grad rund 2 Stunden braten, ab und zu übergießen. Das geputzte und grobgehackte Suppengrün, die Zwiebel, geschält und geachtelt, dazugeben. Eine halbe Tasse der heißen Fleischbrühe zugießen, den Bratenfond lösen und das Fleisch damit übergießen. Den fertigen Braten warm stellen. Den Bratenfond mit etwas Fleischbrühe nochmals lösen, durch ein Sieb in einen Topf passieren und mit Fleischbrühe bis zu ¼ l Flüssigkeit auffüllen. Die Sauce mit dem Zitronensaft abschmecken und binden. Zuletzt mit dem Slibowitz abschmecken. Den Braten in Scheiben schneiden, anrichten und mit etwas heißer Sauce übergossen servieren.

Beilagen: Salzkartoffeln und grüne Bohnen

Variante:

Die Lammkeule mit 3 geschälten, in Stifte geschnittenen Knoblauchzehen spicken, dann wie angegeben weiterverarbeiten. Die gebratene Keule vor dem Servieren mit einem Gläschen Slibowitz begießen.

*1 kg Lammfleisch
(Keule, Schulter
oder Rücken)
1 Knoblauchzehe,
zerdrückt
Salz, Pfeffer
2 EL Senf
1 EL Bratfett
1 Bd. Suppengrün
1 Zwiebel
⅛ l Fleischbrühe
(instant)
Saft von
½ Zitrone
1 Gläschen
Slibowitz (2 cl)*

*3 Knoblauchzehen
Slibowitz (2 cl)*

SCHMOREN

Lammkrone »Britain« mit grünen Bohnen

1,5 kg Lamm-krone, beim Fleischer anfertigen lassen
2 EL Öl
Salz
Pfeffer aus der Mühle
600 g grüne Bohnen
50 g geräucherter, durchwachsener Speck
Petersilie
Zitrone zum Garnieren

Für 4 Personen:

Lammkrone mit Öl einreiben und mit Salz und Pfeffer würzen. Auf die Fettpfanne des Backofens setzen und im vorgeheizten Backofen (E-Herd: 175 Grad/Gasherd: Stufe 2) etwa 1 Stunde braten. Zwischendurch den Bratensatz mit etwas Wasser ablöschen. In der Zwischenzeit die Bohnen putzen und waschen. In kochendes Salzwasser geben und 15 bis 20 Minuten garen. Speck fein würfeln und in einer Pfanne knusprig ausbraten. Die abgetropften Bohnen zugeben und darin schwenken. Lammkrone mit den Bohnen gefüllt auf einer Platte anrichten, mit Petersilie und Zitrone garnieren. Bratensatz mit Wasser lösen und extra dazu reichen.

Beilagen: kroßgebratene Mini-Rösti und Mint Jelly (Minz-Gelee)

Lammkeule mit Pilzen

500 g Lammkeule
50 g durchwach-sener Speck
Salz
Pfeffer
40 g Fett
⅛ l Sauerrahm
20 g Butter
10 g Mehl
125 g Champi-gnons

Für 4 Personen:

Das Fleisch von Fett und Haut befreien, mit dem Speck spicken und mit heißem Fett und Wasser oder Brühe 90 Minuten braten. Den Rahm, die Butter und das Mehl zugeben. Die Sauce 10 Minuten kochen lassen, die feingeschnittenen, in Butter gerösteten Champignons untermischen. Das Fleisch aufschneiden und auf einer vorgewärmten Platte anrichten.
Mit der Sauce übergießen.

Beilage: Reis oder Kartoffeln

Zigeuner-Lamm

Für 6 bis 8 Personen:

Den Lammrücken mit einer Mischung aus Salz und Paprikapulver kräftig einreiben und mit Küchengarn zu einer Rolle zusammenbinden. Im Öl unter häufigem Wenden 60 Minuten lang bei starker Hitze in einer Kasserolle braten. Während dieser Zeit aus der Butter, den Anchovis und dem zerdrückten Knoblauch eine Paste bereiten (Mixer). Die Tomaten vierteln, Kerne auskratzen und in einem Topf in etwas Öl dünsten. Die Zwiebeln in Ringe schneiden und ebenfalls in Öl knusprig braten. Das Fleisch aus der Form nehmen und mit der Butterpaste bestreichen. In einer zweiten Kasserolle werden die Tomaten und die Zwiebelringe verteilt. Den Braten in die Mitte plazieren und warm stellen. Das meiste Fett des Bratensaftes abschöpfen, den Bratenfond erhitzen und Cognac und etwas heißes Wasser zugeben. Den Fond aus der Bratenkasserolle mit einem Kochlöffel lösen. Die saure Sahne und ein wenig Wasser einrühren. Etwas ziehen lassen und durch ein Sieb in die Sauciere passieren.

Sehr heiß servieren.

Beilagen: saure Sahne, gebackene Kartoffeln

1,5 kg entbeiner Lammrücken
150 g Butter
1 EL Paprika-pulver
2 Knoblauchzehen
4 Zwiebeln
12 Tomaten
2 EL saure Sahne
1 EL Cognac
1 kleine Dose Anchovisfilets
Salz
Pfeffer

Foto nebenstehend

Lammrücken mit Walnußkruste und Zucchinisahne

*1200 g Lamm-
rücken, ausgelöst
1 Prise Kümmel,
gemahlen
8 EL Öl
1 Bd. Petersilie
je 1 TL Oregano,
Thymian,
Rosmarin
(getrocknet)
2 Knoblauchzehen
100 g Walnüsse,
geschält
1 große Zwiebel
500 g Zucchini
2 EL Butter
150 g Crème
fraîche
0,2 l Gemüse-
brühe
Muskat, frisch
gerieben
Worcestersauce
Zitronensaft
Pfeffer
aus der Mühle*

Für 6 bis 8 Personen:

Das Fleisch sorgfältig von Häutchen und Fettstücken befreien, rundum mit Salz, Pfeffer und etwas Kreuzkümmel einreiben und in 2 EL Öl von allen Seiten kräftig anbraten. Aus der Pfanne nehmen und warm stellen. Die Petersilie abbrausen und abzupfen. Mit Oregano, Thymian und Rosmarin in den Mixer geben. Den Knoblauch schälen und mit den Walnüssen und dem restlichen Öl zufügen. Gut durchmixen und die entstandene Masse kräftig würzen. Die Filets in eine feuerfeste Form setzen und mit der Walnußpaste gleichmäßig bestreichen. Im auf 200 Grad vorgeheizten Backofen 25 Minuten überbacken, so daß die Kruste goldgelb ist. Im ausgeschalteten Backofen noch weitere 5 bis 10 Minuten ruhen lassen. Die Zwiebel schälen und fein hacken. Die Zucchini waschen, vom Stengelansatz befreien, fein raspeln und mit der Zwiebel in heißer Butter 5 Minuten andünsten. Die Crème fraîche und die Gemüsebrühe untermischen, weitere 10 Minuten dünsten. Pürieren und mit Salz, Pfeffer, Muskat, Worcestersauce und Zitronensaft abschmecken. Den Lammrücken quer zur Faser aufschneiden und mit der Zucchinisahne anrichten.

Beilage: schmale Bandnudeln oder Kartoffeln

Lammrücken mit Walnußkruste und Zucchinisahne

SCHMOREN

Schottischer Lammbraten

1 kg Lammkeule
120 g Butter
(oder halb Butter,
halb Öl)
1 Bd. Suppengrün
2 Zwiebeln
1 Büschel
Pfefferminzblätter
Salz, Pfeffer
¼ l Bouillon
(instant)
½ TL Angostura
⅛ l Sahne
1 TL Stärkemehl

Für 6 bis 8 Personen:

Die Keule salzen, pfeffern und im heißen Fett ringsum anbraten. Das kleinblättrig geschnittene Suppengrün beigeben, ebenso die geschnittenen Zwiebeln und die gehackten Pfefferminzblätter. Dann in den mittelheißen Ofen stellen und 90 Minuten garen lassen. Den Braten häufig übergießen (man kann nach und nach ¼ l Bouillon dazugeben, damit immer genug Saft zum Übergießen vorhanden ist). Den Braten herausnehmen und warm stellen. Die Sauce mit Angostura abschmecken, durch ein Sieb drücken. Nach Wunsch mit Sahne, in die ein wenig Stärkemehl eingerührt wurde, eindicken.

Beilage: Salzkartoffeln oder Kartoffelpüree

Lammkeule auf Schäferart

750 g Lammkeule
Salz, Pfeffer
Rosmarinstengel
4 Knoblauchzehen
½ Tasse Olivenöl
6 kleine Lauch-
stangen
6 Kartoffeln
6 Mohrrüben
6 Tomaten
1 EL Butter
1 Glas Weißwein

Für 4 bis 6 Personen:

Die Lammkeule mit Salz, Pfeffer und Rosmarin einreiben, mit Knoblauchstückchen spicken. In einer passenden Bratpfanne oder einem eisernen Schmortopf das Öl erhitzen und die Lammkeule darin von allen Seiten anbräunen. Nach 30 Minuten den Lauch sowie die ganzen Kartoffeln und Mohrrüben dazugeben, nach weiteren 30 Minuten die ganzen Tomaten und die Butter. Wenn die Tomaten zu platzen beginnen, aus dem Ofen nehmen. Die Lammkeule von dem Gemüse umgeben anrichten. Den Bratensaft mit dem Wein ablöschen, etwas einkochen lassen, abschmecken und über den Braten gießen.

Beilage: Salzkartoffeln

Lammbraten auf Bürgerart

Für 4 bis 6 Personen:

Das Fleisch mit Knoblauch, Salz und Pfeffer einreiben. In der heißen Butter anbraten und die Tomate und Zwiebel zugeben. Mit Wasser ablöschen und nach Belieben – anstelle des Knoblauchs – kleine Stückchen Ingwer beifügen. Unter häufigem Begießen im Backofen in 60 bis 90 Minuten braten. Ab und zu etwas Wasser nachgießen. Zuletzt den Braten im Fett knusprig werden lassen und auf eine heiße Platte legen. Aus dem Bratenfond mit dem Mehl und Wasser eine Sauce bereiten, durchseihen und zu dem aufgeschnittenen Fleisch reichen.

Beilage: Kartoffelklöße

750 g Lammkeule
Ingwer oder
Knoblauch
Salz, Pfeffer
2 EL Butter
1 Zwiebel
1 Tomate
1 EL Mehl

Senflammkeule

Für 6 Personen:

Den Knochen auslösen lassen. Keule klopfen, häuten, mit dem Speck spicken, auf eine Schüssel legen und dick mit Senf bestreichen. An einem kühlen Ort 3 Tage so stehen lassen, dann mit Salz bestreuen, in einen Bratentopf legen, mit heißem Fett übergießen und unter häufigem Begießen und Zugießen von Wasser oder Brühe 120 Minuten schmoren. Die Sauce mit angerührtem Mehl binden, mit Senf abschmecken.

Beilage: Wildreis

1 kg Lammkeule
50 g Speck
3 EL Senf
Salz
40 g Fett
20 g Mehl

SCHMOREN

Foto nebenstehend

Lammrücken im Spinatmantel

600 g ausgelöster
Lammrücken
500 g Spinat,
vorbereitet,
gewogen (notfalls
Tiefkühlkost)
1 TL scharfer Senf
100 g Zwiebeln
100 g Egerling-
Pilze (notfalls
Champignons)
1 bis 2 EL Öl
Salz
Pfeffer aus der
Mühle
Zitronensaft
1 EL gehackte
Petersilie

Für die Beilage:
4 kleine
Kartoffeln

Für 4 Personen:

Spinat gründlich waschen und putzen. In reichlich kochendem Salzwasser 2 bis 3 Minuten blanchieren, Blätter in kaltem Wasser abschrecken und abtropfen lassen. Einen Teil der Blätter auf einem sauberen Küchentuch überlappend zu einem Rechteck von etwa 35 cm Höhe und einer Breite, die der Länge des Lammrückens entspricht, auslegen. Die Fläche leicht mit Senf bestreichen. Restlichen Spinat mit Pfeffer und Salz würzen und auf dem Boden einer mit wenig Butter ausgestrichenen feuerfesten Form verteilen. Zwiebeln und Pilze putzen, waschen und in sehr feine Würfel schneiden. Lammrücken kurz unter kaltem Wasser waschen und mit Küchenkrepp trockentupfen. Öl in einer beschichteten Pfanne erhitzen und den Rücken darin kurz rundherum anbraten. Mit Salz und Pfeffer würzen, aus der Pfanne nehmen. Zwiebeln im Bratensud glasig dünsten. Pilze zufügen, kurz mitdünsten, mit Salz und Pfeffer und einem Spritzer Zitronensaft abschmecken. Petersilie untermischen und die Masse gleichmäßig auf dem unteren Teil der Spinatblätter verteilen. Lammrücken auf die untere Kante der Spinatunterlage legen und fest darin einrollen. Die entstandene Rolle in das Küchentuch rollen und das Tuch an beiden Enden so zusammendrehen, als ob man ein Wäschestück auswringt. (Jetzt werden die Blätter besonders dicht an das Fleischstück gedrückt, und das noch vorhandene Wasser in den Spinatblättern tritt aus.) Lammrücken aus dem Tuch nehmen und auf das Spinatbett legen. – Bei Verwendung von Tiefkühlspinat muß das Fleisch fest mit dem Spinat belegt werden. – Im vorgeheizten Backofen 175 bis 190 Grad Elektro (Stufe 2 bis 3 Gas) etwa 20 bis 30 Minuten garen. Kartoffeln schälen und in wenig Salzwasser gar kochen. Lammrücken schräg in Scheiben schneiden und auf dem Spinat anrichten.

Lammrücken im Spinatmantel

SCHMOREN

Lammkeule nach Art des Hauses

2½ bis 3 kg
Lammkeule
2 EL Salz
3 EL Butter oder
Lammfett
Wasser
1 Zwiebel
½ l saure Sahne
80 bis 100 g Mehl

Für 12 bis 15 Personen:

Die Keule waschen, klopfen und salzen. Eventuell etwas Fett abschneiden. Die Knochen können ausgelöst und für Suppe verwandt werden. Butter oder das Lammfett in einer Schmorpfanne anbräunen, den Braten hineintun und von allen Seiten gut anbraten. Falls das Fett zu dunkel wird, etwas heißes Wasser zugießen. Ist der Braten braun genug, die Hälfte der Sahne und so viel heißes Wasser auffüllen, daß der Braten knapp zur Hälfte bedeckt ist. Unter häufigem Wenden in 2½ bis 3 Stunden gar schmoren lassen. Den Bratenfond einkochen lassen, bis etwa 1 l Sauce übrigbleibt. Braten herausnehmen, den Rest der sauren Sahne zur Sauce gießen, mit Mehl andicken und nach 10 Minuten Kochzeit durch ein Sieb passieren. Den Braten in Scheiben schneiden, auf einer Bratenschüssel anrichten und mit etwas Sauce übergießen.

Beilagen: Salzkartoffeln und grüner Salat

Gespickte Lammkeule

1 kg Lammkeule
Pfefferminzblätter
125 g durch-
wachsener Speck
2 Knoblauchzehen
Salz
30 g Butter
⅜ l Wasser
2 Tomaten

Für 6 bis 8 Personen:

Das Lammfleisch klopfen und waschen und abtrocknen. Mit den Minzblättern einreiben und 24 Stunden in ein mit Essig getränktes Tuch hüllen. Danach die Keule mit Speckstreifen und Knoblauchstiften spicken, salzen, auf den gefetteten Rost über die mit Wasser ausgespülte Fettpfanne legen und mit der heißen Butter oder Margarine übergießen. 90 bis 100 Minuten garen. Bei Bräunung des Bratensatzes heißes Wasser zufügen und den Braten des öfteren damit begießen. 15 Minuten vor Ende der Garzeit die geschnittenen Tomaten und Thymian dazugeben. Das Fleisch dann in Scheiben schneiden, warm stellen, den Bratensatz mit ¼ l heißem Wasser loskochen. Die Sauce mit dem angerührten Mehl binden, durchsieben, mit der Sahne und Weißwein verfeinern und abschmecken. Das Fleisch auf einer vorgewärmten Platte anrichten.

Beilagen: Salzkartoffeln und Blattsalat

1 EL Mehl
1 Prise Thymian
⅛ l saure Sahne
4 EL Wein

Lammkeule im Blätterteigmantel

Für 6 bis 8 Personen:

Den Mittelknochen vom Schlachter entfernen lassen. Von den Nieren die Haut abziehen; dann in kleine Würfel schneiden und ganz kurz auf starker Flamme in etwas Butter anbraten. Mit dem Madeira ablöschen und mit Salz, Rosmarin und Thymian würzen. Diese Masse in die beim Auslösen des Knochens entstandene Höhle in der Lammkeule füllen. Das Fleischstück etwas zusammendrücken und die Öffnung zunähen. Die Lammkeule von außen mit zerlassener Butter bepinseln; salzen und pfeffern. In den sehr heißen Ofen schieben, damit sich alle Poren schließen, und ungefähr 15 Minuten anbraten lassen. Aus dem Ofen nehmen, abkühlen lassen. Den Blätterteig flach rollen und die Keule damit umwickeln, mit Eigelb bepinseln und Paket auf einem Backblech im vorgeheizten Ofen bei mittlerer Hitze noch ungefähr 30 Minuten backen.

Beilage: Kroketten

1 kg Lammkeule
2 Lammnieren
Thymian
Rosmarin
Blätterteig
(tiefgekühlt)
1 Eigelb
1 Glas Madeira
Butter
Salz, Pfeffer

SCHMOREN

Kräuterlamm

1 kg Lammrücken
ohne Knochen
Petersilie
2 gehackte
Knoblauchzehen
1 Lorbeerblatt
1 TL Zwiebel-
pulver
½ TL Rosmarin
½ TL Fenchel
½ TL Salbei
½ TL Basilikum
Öl, Salz, Pfeffer
3 EL Butter-
schmalz
½ Glas Cognac
20 g Butter
½ Tasse Brühe
oder Wasser

Für 4 bis 6 Personen:

Das Fleischstück innen und außen mit Öl bestreichen. Von allen Seiten mit den Kräutern und der Gewürzmischung bestreuen. 24 Stunden zugedeckt ziehen lassen. Im heißen Schmalz goldbraun anbraten. Herausnehmen, mit Butter bestreichen und mit Oberhitze in den Backofen stellen und 60 Minuten garen lassen. Aus der Fettpfanne den Bratensatz entfernen, mit Cognac ablöschen, die Brühe dazugießen, aufkochen und nach Wunsch eindicken. Braten aufgeschnitten servieren.

Beilagen: Weißbrot und grüner Salat

Krustenbraten vom Lamm

1 Rippenstück mit
7 Rippen, ca. 2 kg
3 Knoblauchzehen
50 g Schmalz
Pfeffer
Liebstöckel
Majoran
Kerbel
Minze
Salz
1 Tasse Wasser

Für 4 bis 6 Personen:

Das Fleischstück mit den halbierten Knoblauchzehen spicken, mit der Mischung aus erwärmtem Schmalz und Kräutern kräftig einreiben und in eine Kasserolle legen. Etwa 90 Minuten braten, dabei ab und zu mit der Kräuterpaste oder dem Bratfond einreiben. Dann das Fleisch aus der Kasserolle nehmen und auf den Bratrost legen. Eine Salzwasserlösung mit so viel Salz bereiten, bis das Wasser gesättigt ist, das Fleisch damit einpinseln und bei Oberhitze weiterbraten. Fleisch mehrmals drehen und immer wieder einpinseln. Nach etwa 10 Minuten ist die Kruste knusprig, und der Braten kann serviert werden.

Lammrücken nach Hausmannsart

Für 4 Personen:

Die Rippen des Lammrückens kurz absägen oder abschlagen lassen. Das Fleisch kräftig mit Salz und Pfeffer einreiben und mit Küchengarn zusammenbinden. Den Speck würfeln. Die Möhren schaben und in Stifte schneiden. Die Zwiebeln in dünne Scheiben schneiden und die Knoblauchzehen halbieren. Das Öl in einem großen Schmortopf erhitzen und die Speckwürfel darin auslassen. Das Fleisch einlegen und von allen Seiten bei starker Hitze scharf anbraten. Das Gemüse und die Gewürze zugeben und den Wein angießen. Alles zugedeckt bei 180 Grad 60 Minuten schmoren lassen. Die Tomaten brühen, häuten, kleinschneiden und zum Fleisch geben. Noch 20 Minuten mitschmoren lassen. Das Fleisch herausnehmen, den Faden entfernen und den Lammrücken auf einer Platte warm stellen. Das Gemüse mit der gekörnten Brühe abschmecken und getrennt zum Braten servieren.

Beilagen: grüne Bohnen und Salzkartoffeln

1 kg Lammrücken
Salz
schwarzer Pfeffer
100 g durchwachsener Speck
500 g Möhren
2 große Zwiebeln
2 Knoblauchzehen
2 EL Olivenöl
1 EL getrockneter Thymian
1 TL getrockneter Salbei
2 Lorbeerblätter
½ l trockener Weißwein
750 g Tomaten
1 bis 2 EL gekörnte Brühe

Lammkeule in Folie

Für 6 bis 8 Personen:

Die Keule mit Zitrone einreiben. An mehreren Stellen kleine Einschnitte machen und etwas zerdrückten Knoblauch, Salz und Pfeffer hineindrücken. Das Fleisch mit Salz, Pfeffer und mit der zerlassenen Butter einreiben. Die Keule in eine Alufolie wickeln und etwa 120 Minuten bei mittlerer Hitze garen. Das fertige Fleisch in der Folie zu Tisch geben und dort öffnen und tranchieren.

Beilagen: Kartoffeln und Tomatensalat

1 kg Lammkeule
½ Zitrone
Salz
Pfeffer
2 Knoblauchzehen
30 g Butter

SCHMOREN

Saure Lammkeule

1 ganze Lamm-
keule, etwa 2,5 kg
2 l Buttermilch
¼ l Essig
1 Lorbeerblatt
2 Möhren
2 Zwiebeln
4 Pfefferkörner
1 TL Salz
1 TL Zucker
200 g fetter Speck
1 EL Öl
50 g Butter
½ l saure Sahne
1 EL Paniermehl
Paprikapulver

Für 8 Personen:

Von der Lammkeule Fett, Haut und Knochen abschneiden, dann in einer Beize aus Buttermilch, Essig, Lorbeerblatt, geputzten Möhren und Zwiebeln, Pfefferkörnern,
Salz und Zucker 3 Tage zugedeckt durchziehen lassen.
Zwischendurch wenden. Das Fleisch aus der Beize neh-
men, gut abtrocknen und mit dem in Streifen geschnit-
tenen Speck spicken. Dann in Öl und Butter von allen
Seiten scharf anbraten. Die Beize durch ein Sieb gießen.
Die Keule mit etwas Beize ablöschen und dann im
vorgeheizten Backofen etwa 2 Stunden schmoren las-
sen. Immer wieder etwas Beize nachgießen. Die gegarte
Keule aus dem Bratenfond nehmen und warm stellen.
Die Sauce mit Sahne und Paniermehl binden und mit
Paprikapulver abschmecken.

Beilagen: Salzkartoffeln und Bohnengemüse

Lammkeule
auf Feinschmeckerart

750 g Lammkeule
Olivenöl
Knoblauch
Thymian
Salbei
weißer Pfeffer
2 Lorbeerblätter

Für 6 Personen:

Das Fleisch mit Olivenöl bestreichen, mit zerquetschtem
Knoblauch reichlich einreiben, mit Thymian und Salbei
und weißem Pfeffer auf allen Seiten bestreuen. Die
Lorbeerblätter beilegen und in Alufolie einwickeln. 5 bis
6 Tage an einem kühlen, luftigen Ort liegenlassen. Zum
Braten die Keule auspacken und auf den Rost des gut
vorgeheizten Backofens legen. Nach 10 Minuten mit
Salz einreiben. Nach weiteren 10 Minuten umdrehen,
die Unterseite mit Salz einreiben und weitere 40 Minuten braten. Den heruntertropfenden Bratfond für die
Sauce verwenden.

Lammkeule, gebeizt

Für 6 bis 8 Personen:

Die Knoblauchzehen schälen und auspressen, reichlich schwarzen Pfeffer darübermahlen (etwa ½ TL) und alles mit Armagnac oder Cognac verrühren. Das Olivenöl tropfenweise darunterschlagen. Rosmarin und Thymian abspülen und trockenschwenken. Ein großes Stück Alufolie auf den Tisch legen und Rosmarin und etwas Thymian in die Mitte geben. Ein Lorbeerblatt zerbröseln und darüberstreuen. Das Fleisch mit der Knoblauchmischung bestreichen und auf die Gewürzmischung in der Alufolie legen. Die restlichen Gewürze darauf verteilen. Die Folie sorgfältig verschließen.
Die Keule 24 Stunden an einem kühlen Platz ziehen lassen. Das Fleisch aus der Folie nehmen und die Kräuter-Knoblauch-Mischung abwischen. Etwa zwei Drittel der Butter auf der Keule verteilen und gleichmäßig verstreichen. Dann rundherum salzen. Die Keule auf den Bratenrost legen und ein Bratenthermometer in die dickste Stelle des Fleisches stecken; die Nadelspitze soll den Knochen nicht berühren. Die Keule auf den Rost in den heißen Ofen schieben, die Temperatur auf 220 Grad schalten und das Fleisch in 30 bis 40 Minuten garen. Zwischendurch mehrfach mit der restlichen Butter bestreichen. Wenn das Thermometer die gewünschte Garstufe anzeigt, die Keule aus dem Ofen nehmen und mit Alufolie locker bedeckt 10 bis 15 Minuten ruhen lassen. Danach in Scheiben schneiden und nach Geschmack noch etwas nachsalzen und nachpfeffern.

Heiß servieren.

Beilagen: Kartoffeln und frischer Salat

1 kg Lammkeule
4 bis 6 Knoblauch-
zehen
schwarzer Pfeffer,
frisch gemahlen
1 bis 2 EL
Armagnac oder
Cognac
3 EL Olivenöl
Rosmarin
Thymian
2 Lorbeerblätter
50 g weiche Butter
Salz

SCHMOREN

Lammkeule mit Kräutern

Lammkeule mit Kräutern

Foto nebenstehend

Für 4 Personen:

Lammkeule kurz unter kaltem Wasser waschen und mit Küchenkrepp trockentupfen. Keule innen und außen mit Salz, Pfeffer sowie zerriebenem Rosmarin, Thymian, Majoran und zerdrückten Wacholderbeeren würzen. Fleischstück mit einem Küchenfaden zu einem Bratenstück binden. Öl in einer großen, beschichteten Pfanne erhitzen, gewürzte Keule rundherum braun anbraten. Gewaschene, geachtelte Tomaten und abgezogene, geviertelte Zwiebeln zufügen, kurz anschmoren. ¼ des Wildfonds angießen, die Pfanne zudecken und alles bei mittlerer Hitze 60 bis 80 Minuten schmoren lassen. Braten zwischendurch wenden und nach und nach den restlichen Wildfond hinzufügen. Für die Beilage den Wirsing putzen, waschen, in Achtel schneiden und in jedes Achtel ein Holzstäbchen stecken, damit es nicht auseinanderfällt. Etwa 20 Minuten vor Ende der Garzeit die Wirsingachtel mit in die Pfanne legen. Sie sollen knackig bleiben. Reis in gesalzenem Wasser oder Brühe ausquellen lassen. Fertige Lammkeule nach der Garzeit zusammen mit den Wirsingachteln auf eine vorgewärmte Platte geben. Zudecken und warm stellen. Bratensud mit etwas Wasser loskochen und mit Zwiebeln und Tomaten durch ein Sieb streichen. So lange einkochen lassen, bis eine sämige Sauce entstanden ist, abschmecken. Keule in Scheiben schneiden. Sauce und Reis getrennt dazu reichen.

700 g Lammkeule ohne Knochen
Salz, Pfeffer aus der Mühle
Rosmarin
Thymian
Majoran
4 Wacholderbeeren
1 EL Öl
400 g Fleischtomaten (notfalls Tomatenmark)
100 g Zwiebeln
200 ml Wildfond aus dem Glas

Für die Beilage:
½ Kopf (500 g) Wirsing
75 g ungeschälter Langkornreis

Französische Lammkeule

*1 Lammkeule von
etwa 1½ kg*

*Marinade:
¼ l Rotwein
⅛ l Weinessig
⅛ l Wasser
Salz, weißer Pfeffer
je 1 TL getrock-
neter Estragon
und Rosmarin
1 große Zwiebel
2 Knoblauchzehen*

*Sauce:
125 g durchwach-
sener Speck
1 Stange Lauch
3 Möhren
1 kleine Peter-
silienwurzel
1 Tomate
1 EL Butter
1 EL Mehl
2 EL Calvados
Salz, Pfeffer*

Für 4 Personen:

Wein, Essig und Wasser vermischen. Salz, Pfeffer, Kräuter, Zwiebelringe und die zerdrückte Knoblauchzehe zugeben. Alles gut durchrühren. Dann die Keule in eine Schüssel oder einen Bräter legen, die Marinade darübergießen und 24 Stunden ziehen lassen. Den Speck würfeln, Lauch, Möhren und Petersilienwurzel putzen, waschen und kleinschneiden. Die Tomate vierteln. Den Speck in einer Pfanne glasig werden lassen. Die Keule aus der Marinade nehmen, abtrocknen und im Speck 10 Minuten rundherum anbraten. Das Gemüse zu der Lammkeule geben und 5 Minuten mitbraten. Die Hälfte der Marinade zugießen und den Bratentopf in den Backofen stellen. Die Keule 1½ Stunden bei etwa 200 Grad schmoren lassen, öfter etwas Marinade zugießen. Die Keule herausnehmen und warm stellen. Den Bratenfond mit der restlichen Marinade kochen und durch ein Sieb passieren. Die Butter mit dem Mehl verkneten und die Sauce damit binden. 5 Minuten köcheln lassen. Den Topf vom Herd nehmen, die Sauce mit Calvados, Salz und Pfeffer abschmecken.
Die Lammkeule erst bei Tisch aufschneiden und die Sauce getrennt dazu servieren.

Beilagen: Kartoffelkroketten und Tomatensalat

Lammkeule auf klassische Art

*1 Lammkeule mit
ausgelöstem
Schlußknochen,
etwa 2 kg
½ Tasse Rotwein*

Für 6 Personen:

Die Keule mit Wein übergießen und Petersilie, Estragon, Salz, Pfeffer, Paprikapulver und Zwiebelscheiben darübergeben. Diese Gewürze sollen fest aufliegen. Nach einem Tag die Keule aus der Beize nehmen und ab-trocknen. In das Fleisch kleine Einschnitte machen und diese mit Knoblauchstücken füllen. In einer Bratpfanne zuerst den würfelig geschnittenen Bauchspeck zergehen lassen. Gemüse und Fett dazugeben und die Keule von allen Seiten rasch anbraten. Mit etwas Weinbeize ablö-schen und im Ofen zugedeckt 60 bis 90 Minuten dünsten lassen. Eventuell ab und zu Flüssigkeit nachgießen. Dann die Keule herausnehmen, die Sauce mit Mehlbutter eindicken und mit Weinbrand, Salz, Pfeffer und gehackter Petersilie abschmecken.

Beilagen: glasierte Kartoffeln und Grilltomate

2 EL gehackte Estragonblätter
Salz, Pfeffer
2 EL Paprika
5 Zwiebeln
4 Knoblauchzehen
125 g Bauchspeck
150 g kleinge-schnittenes Gemüse (Lauch, Möhren, Peter-silienwurzel)
Fett
Mehlbutter (3 EL Butter mit 1 EL Mehl verknetet)
½ Glas Weinbrand
2 EL gehackte Petersilie

Lammkeule nach englischer Art

Für 4 bis 6 Personen:

Von der Lammkeule Fett und zähe Haut entfernen lassen. In die kochende Brühe geben und etwa 1 Stunde garen. Die Keule aus der Brühe nehmen und warm stellen. Butter in einem Topf zerlassen, das Mehl hinein-rühren und anschwitzen, bis es hellbraun ist. Knapp ½ l Brühe unter Rühren dazugeben. So lange leicht kochen lassen, bis die Sauce glatt und cremig ist, dabei ständig rühren. Den Topf von der Kochstelle nehmen. Das Eigelb mit der Sahne verquirlen und unter die Sauce ziehen. Die Sauce nochmals kurze Zeit erhitzen, jedoch nicht kochen. Die Kapern hineingeben. Die Sauce zur Lammkeule servieren.

Beilagen: Erbsen mit Pfifferlingen,
        Grilltomate und Kartoffelkroketten

1,5 kg Lamm-keule
etwa 1 l Fleisch-oder Gemüse-brühe (instant)
20 g Butter
20 g Mehl
2 Eigelb
100 ml Sahne
1 EL Kapern

SCHMOREN

Foto nebenstehend

Lammkeule
auf mexikanische Art

*1 Lammkeule von
etwa 1300 g,
entbeint
Salz
schwarzer Pfeffer
aus der Mühle
Cayennepfeffer
1 große grüne
Paprikaschote
2 EL Maiskörner
(Dose)
4 EL Olivenöl
6 Knoblauchzehen
2 Eigelb
1 EL Semmel-
brösel
2 TL gehackter
Rosmarin (1 TL
getrocknet)
2 Dosen rote
Bohnen (Kidney),
Abtropfgewicht
je 225 g
1 kleine getrock-
nete Chilischote
150 g Crème
fraîche
1 Bd. glatte
Petersilie*

Für 4 Personen:

Die ausgelöste Lammkeule mit Salz, Pfeffer und Cayennepfeffer einreiben. Die Paprikaschote waschen, von den Kernen befreien und in kleine Würfel schneiden. Den Knoblauch schälen und die Hälfte davon dazupressen. Maiskörner zugeben und alles in 2 El Olivenöl ca. 10 Minuten dünsten, dann abkühlen lassen. Die Eigelbe mit den Semmelbröseln und dem Rosmarin unter die Paprikawürfel mischen und mit Salz, Pfeffer und Cayennepfeffer kräftig würzen. Die Lammkeule mit Schwarte nach unten auf eine Arbeitsfläche legen und mit der Paprikamischung bestreichen, so daß ein Rand bleibt. Das Fleisch zusammenrollen und mit Küchenzwirn zusammenbinden. Die Lammkeule am besten in einen Grillkorb stecken und ca. 2 Stunden grillen, dabei immer wieder mit dem restlichen Olivenöl bestreichen. Inzwischen für die Sauce die Bohnen in einem Sieb abtropfen lassen. Mit der Chilischote, dem restlichen Knoblauch und der Crème fraîche im Mixer pürieren. Mit Salz und Pfeffer abschmecken. Die Petersilie abbrausen, die Blättchen abzupfen und mittelfein hacken. Unter die Sauce mischen. Die Lammkeule nach Ende der Garzeit für etwa 15 Minuten in Alufolie packen und nachziehen lassen, damit sich der Fleischsaft sammeln kann. Anschließend in dünne Scheiben schneiden und mit der Bohnensauce servieren.

Beilagen: Ofenkartoffeln oder warmes Baguette
und knackiger grüner Salat

Lammkeule auf mexikanische Art

Lammkeule in Madeirasauce

800 g Lammkeule
Essig
200 g durch-
wachsener Speck
in Streifen
Butter
1 Glas Madeira
Salz, Pfeffer
⅛ l Sahne
1 TL Mehl

Für 4 bis 6 Personen:

Die Keule gut klopfen und mit dem Speck spicken. Die Keule in ein essiggetränktes Tuch einhüllen und 8 bis 10 Tage an einem kühlen Ort hängenlassen. Danach die Keule mit Salz und Pfeffer würzen und in heißer Butter von allen Seiten anbraten und 90 Minuten schmoren. Den Bratenfond mit etwas Mehl und Sahne, beides mit wenig kaltem Wasser glattgerührt, eindicken, mit Salz und Pfeffer abschmecken und mit Madeira verfeinern.

Beilage: Kartoffelkroketten oder gebutterte Bandnudeln

Lammkeule in Biersauce

4 Scheiben Lamm-
keule zu je 200 g
2 Knoblauchzehen
Prise schwarzer
Pfeffer
1 TL getrockneter
Thymian
3 große Möhren
2 Stangen Lauch
200 g Champi-
gnons (Dose)
3 EL Butter, Salz
¼ l dunkles Bier
¼ l Wasser
1 Lorbeerblatt
1 Prise geriebene
Muskatnuß
½ TL Zucker
1 EL Mehl

Für 4 Personen:

Das Fleisch mit den halbierten Knoblauchzehen, Pfeffer und dem Thymian einreiben. Die Möhren in Scheiben und den geputzten Lauch in Stücke schneiden. Die Champignons abtropfen lassen. Die Butter in einer großen Pfanne erhitzen und die Fleischscheiben auf beiden Seiten braun braten und salzen, Möhren und Lauch zugeben und etwa 3 Minuten mitbraten lassen. Das Bier und das Wasser zugießen, Gewürze und Zucker zugeben. Alles zugedeckt etwa 40 Minuten bei milder Hitze schmoren lassen. Nach 30 Minuten Garzeit die Pilze zugeben. Das fertige Fleisch auf einer Platte anrichten und das Gemüse um das Fleisch legen. Das Mehl mit wenig Wasser anrühren und die Sauce damit binden. Mit Salz und Pfeffer abschmecken. Die Sauce getrennt zu der Fleisch-Gemüse-Platte servieren.

Beilage: gebutterte Bandnudeln

Lammkeule mit Kapernsauce

Für 4 Personen:

Den verdünnten Essig mit den gereinigten, geschnittenen Wurzeln und den Gewürzen aufkochen und erkalten lassen.

Fleisch von der äußeren Haut befreien, mit Zitronensaft, Zwiebel und Thymian einreiben, in eine Essigbeize legen und 24 Stunden darin ziehen lassen.

Das gebeizte Fleisch mit dem Suppengemüse, Zwiebel und dem Lorbeerblatt in kochendes Wasser legen und etwa 2 Stunden leicht kochen lassen. Das Fleisch aus der Brühe nehmen und warm stellen. Die Brühe abseihen und auf ¼ l Flüssigkeit einkochen lassen. Das Mehl in der Butter hellgelb anschwitzen und mit Brühe und Weißwein aufgießen. 5 Minuten kochen lassen und danach die gehackten Kapern und die mit Eigelb verrührte Sahne dazugeben. Die Sauce mit Salz, Zitronensaft und einer Prise Pfeffer pikant abschmecken. Die Sauce über die in Scheiben geschnittene Lammkeule geben.

Beilagen: Wurzeln und Salzkartoffeln

1 kg Lammkeule
Saft von
½ Zitrone
½ Zwiebel
¼ TL Thymian
1 Bd. Suppengrün
1 Zwiebel
10 Pfefferkörner
Salz
1 Lorbeerblatt
30 g Butter
30 g Mehl
⅛ l Weißwein
1 EL Kapern
1 EL saure Sahne
1 Eigelb

Essigbeize:
½ l Essig
½ l Wasser
1 Petersilien-
wurzel
½ Sellerieknolle
2 Mohrrüben
10 Pfefferkörner
2 Gewürznelken
2 Lorbeerblätter
1 Stengel
Thymian

SCHMOREN

Provençalische Lammkeule

*1250 g Lamm-
keule, entbeint
4 große Knob-
lauchzehen
1 TL grüne
Pfefferkörner
Salz
weißer Pfeffer
2 Zwiebeln
1 Möhre
6 EL Olivenöl
4 Zweige Thymian
(3 EL getrocknet)
1 Zweig Rosmarin
(1 EL getrocknet)
1 Aubergine
3 Fleischtomaten
2 Zucchini
1 rote Paprika-
schote
1 grüne Paprika-
schote
¼ l trockener
Roséwein*

Für 6 Personen:

Vom Fleischer den Keulenknochen einmal durchhacken lassen. Die Keule von Sehnen und der oberen Fettschicht befreien. Diese Parüren nicht wegwerfen.
2 geschälte Knoblauchzehen und die Pfefferkörner mit etwas Salz im Mörser fein zerstoßen und in die durch den ausgelösten Knochen entstandene Höhlung ins Fleisch füllen. Die Keule zugedeckt über Nacht im Kühlschrank ziehen lassen. Am nächsten Tag Zwiebeln und Möhre schälen und grob zerkleinern. Zusammen mit den Parüren in einem flachen Bräter in 1 EL Öl kurz anbraten, zur Seite schieben. Die mit Salz und Pfeffer eingeriebene Keule in den Bräter legen, mit Knochen, Thymian und dem mehrfach gebrochenen Rosmarinzweig umlegen (bzw. mit getrockneten Gewürzen bestreuen) und in dem auf 220 Grad (Gas: Stufe 4) vorgeheizten Backofen 20 Minuten anbraten, dabei einmal wenden. Dann bei 160 Grad (Gas: Stufe 1) in 90 Minuten zu Ende garen, dabei dreimal wenden und hin und wieder mit Bratfett übergießen. Das Ratatouille-Gemüse waschen und putzen. Auberginen längs vierteln und ebenso wie Tomaten und Zucchini in Scheiben schneiden. Paprikaschoten würfeln. Alles bis auf die Tomaten lagenweise in eine Gratinform schichten. Dabei jede Schicht salzen und die restlichen Knoblauchzehen durch die Presse darüberdrücken. Das Gemüse mit Tomaten abdecken, wieder salzen und mit dem restlichen Olivenöl übergießen. In den letzten 60 bis 80 Minuten zu der Keule in den Backofen stellen. Knochen und Keule aus dem Bräter nehmen, Keule in Alufolie gewickelt warm stellen. Bratfond mit dem Roséwein loskochen und durch ein Sieb streichen, etwas abfetten und mit Salz und Pfeffer würzen. Keule aufgeschnitten auf einer Platte anrichten. Den Fond als Sauce und das Gemüse getrennt reichen.

Beilage: ofenfrisches Baguette

Provençalische Lammkeule

SCHMOREN

Lammkeule mit Knoblauch und Rotwein

1 kg Lammkeule
ohne Knochen
3 Knoblauchzehen
1 Zweig Rosmarin
(1 EL getrocknet)
Salz
Pfeffer aus der
Mühle
1 EL Öl
200 ml trockener
Rotwein

Für die Beilage:
100 g Schalotten
4 kleine
Kartoffeln

Für 4 Personen:

Lammkeule kurz unter kaltem Wasser waschen und mit Küchenkrepp trockentupfen. Knoblauchzehen abziehen, in Stifte schneiden und die Keule rundherum damit spicken (dazu mit einem sehr spitzen Messer in Fleischfaserrichtung Spalten in das Fleisch schneiden und die Knoblauchstifte hineinstecken). Fleisch am Knochen der Keule leicht lösen und den Rosmarinzweig oder Gewürz zwischen Fleisch und Knochen schieben. Lammkeule rundherum kräftig mit Salz und Pfeffer bestreuen. Öl in einer beschichteten Pfanne erhitzen, aber nicht zu heiß werden lassen, und die Keule rundherum braun anbraten. Keule in einen Bräter legen. Bratensatz in der Pfanne mit einem Schuß Rotwein loskochen, über die Keule gießen und in die Mitte in den bei Elektro: 175 bis 180 Grad, Gas: Stufe 1 bis 2 vorgeheizten Backofen schieben. Keule zwischendurch mit Bratensud begießen und den restlichen Rotwein nach und nach angießen.
Für die Beilage die Schalotten abziehen und die Kartoffeln so gründlich waschen, daß die Schale mitgegessen werden kann. Nach 40 bis 50 Minuten Garzeit die vorbereiteten Schalotten und die der Länge nach halbierten Kartoffeln mit in den Bräter geben. Weitere 40 bis 50 Minuten garen. Zwischendurch Fleisch und Beilagen mit Bratensud begießen. Eventuell heißes Wasser angießen.
Fertige Lammkeule nach der Garzeit 7 bis 10 Minuten zugedeckt ruhenlassen, dann in Scheiben schneiden und zusammen mit der Beilage und dem eingekochten, durch ein Sieb gestrichenen Bratensud servieren.

Glasierte Lammhaxen

Für 4 Personen:

Eine Stunde vor dem Braten werden die Haxen gesalzen und gepfeffert. Butter in einem Bräter schmelzen lassen, die Haxen dazugeben und im Backofen unter häufigem Wenden bei 200 Grad (Elektro) oder Stufe 3 (Gas) etwa 1 Stunde braten, bis sie leicht braun sind. Jetzt die Zwiebel, den Sellerie, die Möhre und die Petersilienwurzel kleinschneiden, zu den Haxen geben und weiterbraten, bis das Gemüse goldbraun ist. Mit einer Tasse Wasser löschen und weiterbraten. Von Zeit zu Zeit Butterflöckchen auf die Haxen geben (drei- bis viermal) und mit dem Bratensaft begießen. Nach etwa 2 Stunden den Braten aus dem Ofen nehmen. Den Bratensaft durch ein Sieb gießen, nach Belieben andicken und getrennt zum Fleisch reichen. Vor dem Servieren braune Butter über die Haxen geben und mit den gehackten Kräutern garnieren.

1 bis 1,5 kg Lammhaxen
Salz, Pfeffer
2 EL Butter
1 Zwiebel
½ Sellerieknolle
1 Möhre
1 Petersilienwurzel
1 Tasse Wasser
3 EL Butter
evtl. etwas Mehl
1 TL gehackte feine Kräuter (Oregano, Rosmarin, Thymian und wenig Basilikum)

Lammkeule auf Domänenart

Für 6 bis 8 Personen:

Die Lammkeule gut mit Salz, Pfeffer, Zitronensaft und zerdrückten Knoblauchzehen einreiben und in die Bratenpfanne legen. Mit heißem Fett übergießen, Zwiebeln und Möhren grob zerschneiden, dazugeben. Im Ofen 90 Minuten unter häufigem Übergießen braten. Nach Bedarf etwas Wasser zufügen. Das Gemüse herausnehmen, wenn es anfängt, braun zu werden. Den fertigen Braten herausnehmen und warm stellen; den Bratenfond mit ⅜ l Wasser loskochen. Die Sauce mit angerührtem Mehl binden. Mit Salz und Pfeffer abschmecken.

1 kg Lammkeule
Salz, Pfeffer
3 EL Zitronensaft
2 Knoblauchzehen
30 g Fett
3 Zwiebeln
2 Möhren (125 g)
⅜ l Wasser
15 g Mehl

Spanische Lammkeule

Spanische Lammkeule

Foto nebenstehend

Für 6 Personen:

Die Knoblauchzehen schälen und in Stifte schneiden. Die Lammkeule kurz unter fließendem Wasser abspülen und trockentupfen. Die Keule mit einem scharfen, spitzen Messer mehrmals einschneiden und in jeden Einschnitt einen Knoblauchstift stecken. Die Spickstellen möglichst gleichmäßig über die Keule verteilen. Die feingehackten Zwiebeln mit dem Senf, dem Salz, dem Sardellenfilet und dem Öl gut verrühren und die Keule damit einreiben. In die Fettpfanne legen, die Brühe und den Wein zugießen und im vorgeheizten Backofen bei 230 Grad etwa 60 Minuten braten. Ab und zu mit dem Fond beschöpfen. Eventuell Brühe nachgießen. Die Semmelbrösel mit den Kräutern vermischen. Die Keule damit etwa 15 Minuten vor Ende der Bratzeit bestreuen und weiterbraten, bis die Kruste knusprig ist. Den Fond wenn nötig mit etwas Wasser loskochen und anschließend mit Brandy würzen.

Beilagen: Gemüse nach Wahl, z. B. eine Ratatouille

*1 Lammkeule
von 2 kg
2 bis 3 Knoblauch-
zehen
1 EL feingehackte
Zwiebeln
½ TL scharfer Senf
1 TL Salz
1 Sardellenfilet,
zerdrückt
1 EL feines
Olivenöl
¼ l Fleischbrühe
(instant)
1 Glas Rotwein
1 EL Semmel-
brösel
2 EL gemischte,
gehackte Kräuter
2 cl Brandy oder
Weinbrand*

Lammkeule auf italienische Art

Für 4 Personen:

Das Fleisch in Würfel schneiden, in heißem Öl anbraten, herausnehmen und beiseite stellen. Die feingehackten Zwiebeln mit Öl gelb dünsten, das Paprikapulver, die angebratenen Fleischwürfel und die gehackte Petersilie zugeben, dann Zitronensaft, Salz und Pfeffer. Den Topf sehr gut verschließen und bei kleinem Feuer 1 Stunde schmoren lassen.

Beilage: Reis

*1,5 kg Lamm-
schulter ohne
Knochen
5 EL Olivenöl
2 Zwiebeln
1 Knoblauchzehe
2 EL Paprika-
pulver
3 EL Zitronensaft
1 Bund Petersilie
Salz, Pfeffer*

SCHMOREN

Irische Lammkeule mit Minzsauce

1,5 kg Lamm-
keule
1 Zwiebel
1 EL frischer,
gehackter Ingwer
oder 1 TL Ingwer-
pulver
2 TL Salz
1 TL Edelsüß-
paprika
2 EL Olivenöl
3 EL Zitronensaft
2 EL Honig

Sauce:
2 EL frische,
gehackte Minze
oder 1 EL getrock-
nete Minzblätter
1 TL Zucker
1 EL Essig
3 EL Irish
Whiskey
evtl. 1 EL Speise-
stärke

Für 4 bis 6 Personen:

Von der Lammkeule Fett und zähe Haut entfernen lassen. Zwiebel schälen, reiben, mit Ingwer, Salz, Paprika, Öl und Zitronensaft mischen. Das Fleisch in eine Braten- oder Fettpfanne legen, mit der Marinade von allen Seiten bestreichen. Den Braten mit Alufolie oder einem Deckel verschließen, auf die untere Schiebeleiste des Backofens setzen und 1¾ bis 2 Stunden bei 175 bis 200 Grad, Gas: Stufe 2 bis 3, braten. In den letzten 20 Minuten flüssigen Honig über das Fleisch streichen, offen weiterbraten. Die fertige Keule im ausgeschalteten Backofen warm halten. Den Bratensatz mit ⅜ l kochendem Wasser lösen, durchsieben. Minze, Zucker und Essig hinzufügen, 5 Minuten schwach kochen lassen. Whiskey dazugeben und mit Salz abschmecken. Soll die Sauce gebunden werden, Speisestärke mit wenig Wasser glattrühren, in die Sauce geben und einmal aufkochen lassen.

Dazu schmecken gebackene Kartoffeln, die geschält, mit Salz und Olivenöl vermischt, ½ Stunde neben dem Fleisch mitgebacken werden.

Garnierter Lammbraten

2 bis 2,5 kg
Lammkeule
Pfeffer-, Piment-
körner und
Wacholderbeeren

Für 8 bis 10 Personen:

Den Knochen auslösen lassen. Das Fleisch 24 Stunden in reichlich Buttermilch liegenlassen, häufig wenden. Die Knochen kleinhacken (Schlachter), mit dem geschnittenen Suppengrün und der geschnittenen Zwiebel in Fett anrösten, salzen, einige zerdrückte Gewürzkörner beigeben, mit Wasser auffüllen und dickkochen lassen. Die Keule aus der Marinade nehmen, abtropfen lassen und würzen. In Butter etwa 60 Minuten braten. Den Braten mit dem Knochenfond auffüllen, mit in saurer Sahne verquirltem Mehl binden. Die Keule in Scheiben schneiden und in Keulenform zusammenlegen, mit gebratenen Bananen und gebutterten grünen Bohnen garnieren. Die halbierten Bananen werden in Butter goldgelb gebraten.

Beilage: Baguettebrot

Suppengrün
1 Zwiebel
5 Bananen
500 g grüne
Bohnen
Salz, Pfeffer
Butter
⅛ l saure Sahne
Preiselbeer-
kompott
Buttermilch

Lammbraten auf Bäckerart

Für 6 bis 8 Personen:

Die Lammkeule hohl auslösen und binden lassen. Mit einem Gemisch aus Salz, Pfeffer, Zitronensaft und feingeriebener Zitronenschale sowie zerdrücktem Knoblauch und Senf kräftig einreiben. Im heißen Öl anbraten und etwa 60 Minuten weiterbraten. Nach 10 Minuten grobgeschnittene Zwiebel beigeben und mitbraten, bis die Zwiebeln leicht Farbe angenommen haben. Dann die rohen, in Scheiben geschnittenen und gesalzenen Kartoffeln beigeben. Alles fertigbraten, zwischendurch die Kartoffeln wenden und mit etwas Brühe untergießen. Beim Anrichten wird der tranchierte Braten auf die Kartoffeln gelegt und an der Seite mit in Butter geschwenkten grünen Bohnen garniert.

Sehr heiß servieren.

750 g Lammfleisch
(von Bug oder
Keule)
Salz
Pfeffer
Zitrone
2 TL Senf
1 Knoblauchzehe
Öl
2 bis 3 Zwiebeln
800 g Kartoffeln
½ l Brühe
250 g grüne
Bohnen

Lamm mit Sahnekruste und Cashew-Reis

Lamm mit Sahnekruste und Cashew-Reis

Foto nebenstehend

Für 4 Personen:

Fleisch waschen, Fett abschneiden. Fleisch mit Pfeffer und Salz einreiben und mit dem heißen Öl übergießen. Im Backofen bei 225 Grad (Gas: Stufe 4) 90 Minuten braten. Dabei immer wieder mit einer Mischung aus der Crème fraîche und dem Senf einpinseln. Wein und, wenn nötig, Wasser zugießen, wenn die herabtropfende Sahne zu braun wird. Den Reis in ½ l kochendes Salzwasser einstreuen und 15 Minuten ausquellen lassen. Die Nüsse hacken, in der Butter anrösten und unter den Reis mischen. Fertiges Fleisch aufschneiden, den Fond loskochen und dazu reichen.

Beilage: herber Salat, z. B. Chicorée

*1 Lammkotelett-Strang
von etwa 1,5 kg
Pfeffer, Salz
1 Becher Crème fraîche
1 EL Öl
3 EL Senf
⅛ l Weißwein
250 g Langkornreis
100 g Cashewnüsse
1 TL Butter*

Lammbrustroulade

Für 4 Personen:

Das gehackte Schweinefleisch mit gehackter Petersilie, Zwiebelwürfeln, Salz, Pfeffer und Weißwein gründlich vermischen. Die Lammbrust auf einer Seite mit dieser Masse bestreichen, zusammenrollen und zusammenbinden. Die Fleischrolle in Fett mit dem kleingeschnittenen Suppengrün rundherum anbraten. Nach 20 Minuten mit Wasser und Rotwein aufgießen und 90 Minuten schmoren. Den Bratensaft mit Stärkemehl binden, das Tomatenmark beigeben. Die fertige Roulade in Scheiben schneiden und mit dem Bratensaft servieren.

Beilage: Blattspinat

*1 Lammbrust
ohne Knochen, gerollt
250 g Schweinefleisch, gehackt
1 Bd. Petersilie
1 Zwiebel
Salz, Pfeffer
¹⁄₁₆ l Weißwein
50 g Butter
1 Bd. Suppengrün
2 EL Tomatenmark
¼ l Wasser
⅛ l Rotwein
Stärkemehl*

Lammbraten mit Oliven

*1 kg Lammfleisch
(Rücken oder
Keule)
¼ l Wasser
1 TL Salz
1 Msp. schwarzer
Pfeffer
¼ l Weißwein
1 EL Stärkemehl
150 g rot gefüllte
grüne Oliven*

Für 6 Personen:

Das Wasser zum Kochen bringen. Die Fettschicht des Fleisches einige Male einschneiden und das Fleisch mit dem Salz und dem Pfeffer einreiben. Den Braten mit der eingeschnittenen Seite nach oben in eine Bratenkasserolle legen, mit ½ Tasse kochendheißem Wasser begießen und im Backofen 40 bis 50 Minuten braten. Während des Bratens wiederholt seitlich wenig heißes Wasser zuschütten und den Braten damit begießen. Den fertigen Braten warm stellen. Die Sauce mit Weißwein auffüllen; aber etwa 3 EL Weißwein zurückbehalten. Das Stärkemehl mit dem restlichen Weißwein anrühren, die Sauce damit binden und einmal kräftig aufkochen lassen. Den Braten in Scheiben schneiden, mit Sauce anrichten und mit Oliven garnieren. Den Rest der Sauce getrennt dazu reichen.

Lammrippchen nach Bürgerart

*750 g Lammrippen
Salz, Pfeffer
40 g Fett
3 EL Tomaten-
ketchup
2 Zwiebeln
in Scheiben
½ bis ¾ l Wasser
1 EL Mehl
⅛ l Sahne
1 EL Majoran*

Für 4 Personen:

Die Rippchen waschen, zerteilen, abtrocknen, salzen und pfeffern und im heißen Fett anbraten. Tomatenketchup und Zwiebelscheiben zufügen, Wasser darübergießen und bei geringer Hitze 60 bis 75 Minuten garen. Vor dem Anrichten das Mehl mit der Sahne anrühren und die Sauce binden. Pikant mit Majoran würzen.

Beilagen: ganze gebratene Kartöffelchen und
          grüne Bohnen

Lammkeule auf Hausfrauenart

Die vorgekochte Lammkeule entbeinen, mit Bratwurst-farce oder Bratenmett füllen, rollen, zusammenbinden und halbgar schmoren; dann Mohrrüben, Zwiebelschei-ben, zerdrückten Knoblauch und vorgekochte weiße Bohnen beigeben und fertigschmoren.

Lammkeule,
entbeint
Bratenmett
Mohrrüben
Zwiebeln
Knoblauch
weiße Bohnen

Lammkeule mit weißen Rüben

Die Keule schmoren. Sobald sie halbgar ist (90 Minuten), in Butter angebratene Zwiebeln und geschnittene weiße Rüben dazugeben. Alles zusammen weitere 90 Minuten schmoren.

Zwiebeln
weiße Rüben
Butter

Lammkeule auf Wildbretart

Die Keule klopfen, häuten, Fett entfernen. 8 Tage in Essig und Wein legen. Dann spicken, salzen und in eine Bratenpfanne legen mit Zwiebeln, Lorbeerblatt, gelben Rüben, Sellerieknolle und Petersilienwurzeln, Zitrone, Pfefferkörnern und 2 Nelken. Den Braten mit Butter belegen und im Backofen etwa 2½ Stunden gelb wer-den lassen. Zwischendurch immer umdrehen, damit er auf beiden Seiten weich wird. Kurz vor dem Anrichten mit saurer Sahne übergießen. Sollte der Braten zu braun werden, kann er mit Alufolie abgedeckt werden.

Essig
Wein
Zwiebeln
Gewürze
saure Sahne
gelbe Rüben
Zitrone

SCHMOREN

Foto nebenstehend

Lammkoteletts
auf Paprikaweinkraut

*12 Koteletts vom
Lamm
60 g Bratfett
600 g Sauerkraut
⅛ l trockener
Weißwein
etwas Brühe oder
Wasser
8 Scheiben
durchwachsener
Speck
4 Debreziner
Würstchen (oder
geräucherte
Schinkenwürste)
1 rote und
1 grüne
Paprikaschote
100 g Zwiebeln
100 g Tomaten
1 EL Tomaten-
mark
2 Knoblauchzehen
40 g Schweine-
schmalz oder
Pflanzenfett
Wacholderbeeren
Pfefferkörner
Kümmel
1 Lorbeerblatt
Salz, Pfeffer
etwas Zucker*

Für 6 Personen:

Die Lammkoteletts in heißem Fett kurz, d. h. etwa 8 Minuten braten, bis sie auf beiden Seiten braun sind. Den Speck in Streifen schneiden, die Debreziner Würstchen in 8 gleiche Teile schneiden und an den Schnittstellen etwa 1,5 cm mit einem Kreuzschnitt einschneiden. Speck und Würstchen dann ebenfalls braten. Zwiebeln und Paprika in Streifen schneiden, Knoblauch schälen und fein hacken. Die Zwiebeln in heißem Schmalz anschwitzen, Paprika und Knoblauch beifügen. Tomatenmark ebenfalls zugeben, alles vermischen und kurz durchschwitzen lassen. Dann das Sauerkraut beifügen und aufkochen lassen. Mit Weißwein ablöschen, ggf. etwas Brühe zugießen.

Das Paprikaweinkraut etwa 40 Minuten zugedeckt bei leichter Hitze garen. Wacholderbeeren, Pfefferkörner, Kümmel und Lorbeerblatt 10 Minuten vor Ende der Garzeit dazugeben. Zum Schluß die Tomaten mit kochendem Wasser überbrühen, die Haut abziehen, entkernen und in Streifen schneiden.

Das Paprikaweinkraut mit Salz, Pfeffer und Zucker abschmecken und die Tomatenstreifen unterheben. Mit den Speckscheiben und den Debreziner Würstchen garnieren.

Sehr heiß servieren.

Beilage: Kartoffelplätzchen

Lammkoteletts auf Paprikaweinkraut

Lammrouladen

*800 g Lammfleisch
(in 8 dünne
Scheiben
geschnitten, am
besten aus der
Keule)
100 g durchwach-
sener Speck in
Scheiben
2 Zwiebeln
4 Gewürzgurken
60 g Grieben
Brühe (instant)
¼ l saure Sahne
Mehl
Salz, Pfeffer
1 Zitrone*

Für 4 Personen:

Die Fleischscheiben salzen und pfeffern. Mit den Speck-scheiben, einem Stück geschnittener Zwiebel, den ge-hackten Grieben und einer der Länge nach halbierten Gewürzgurke belegen, einrollen und mit Faden binden. Mit etwas Mehl bestäuben. In Butter mit den restlichen Zwiebeln anbraten. Etwa 30 Minuten im eigenen Saft schmoren lassen, dann mit Bouillon aufgießen, so daß die Rouladen mit der Flüssigkeit gerade bedeckt sind, und etwa 30 Minuten weiterschmoren lassen. Sobald die Rouladen gar sind, herausnehmen, die Fäden entfernen und auf einer vorgewärmten Platte anrichten. Den passierten Bratensaft mit etwas Sahne und Mehl binden, aufkochen lassen, mit Zitronensaft abschmecken und mit einem Teil davon die Rouladen übergießen.
Rest extra servieren.

Beilage: Semmel- oder Kartoffelklöße oder Reis

Gefüllte Lammbrust

*1 kg Lammbrust
ohne Knochen
Salz
schwarzer Pfeffer

Für die Füllung:
2 Scheiben
Weißbrot
4 EL trockener
Weißwein
1 Zwiebel
2 Knoblauchzehen*

Für 6 Personen:

Die Lammbrust vom Schlachter entbeinen und flach klopfen lassen. Das Fleisch auf der Innenseite mit Salz und Pfeffer einreiben. Das Brot mit dem Wein beträu-feln. Die Zwiebel, die Knoblauchzehen und die Petersilie fein hacken. Das Hackfleisch mit dem ausgedrückten Weißbrot, der Zwiebel, Knoblauch, Petersilie, Ei und Majoran gut mischen. Mit Salz und Pfeffer würzen und so viel Semmelbrösel einkneten, daß ein fester Teig entsteht. Diese Füllung auf die Lammbrust streichen.

Das Fleisch aufrollen und mit Küchengarn umwickeln. Das Fett in einem Topf zerlassen. Die Lammbrust auf den Rost über der Bratenpfanne des Backofens legen, mit dem flüssigen Fett übergießen und 120 Minuten braten lassen, häufig mit heißem Wasser und dem Bratensaft übergießen.

Den Bratensatz mit der Fleischbrühe loskochen, in einen kleinen Topf gießen und mit dem in Wasser angerührten Stärkemehl binden. Die saure Sahne einrühren und die Sauce abschmecken. Sauce getrennt servieren.

Beilagen: grüne Bohnen und Salzkartoffeln

1 Bund Petersilie
250 g gemischtes Hackfleisch
1 Ei
1 TL getrockneter Majoran
Salz
schwarzer Pfeffer
3 bis 4 EL Semmelbrösel

Zum Braten:
75 g Butter
$\frac{1}{4}$ l heißes Wasser

Für die Sauce:
$\frac{1}{8}$ l heiße Fleischbrühe
1 gehäufter TL Stärkemehl
$\frac{1}{8}$ l saure Sahne

Pußtagulasch

Für 4 Personen:

Das gewürfelte Fleisch mit den Zwiebelringen im heißen Fett anbraten. Die entkernten und in Streifen geschnittenen Paprikaschoten kurz mitbraten. Fleischbrühe zugießen, Tomatenmark unterrühren und das Fleisch bei geringer Hitze zugedeckt 45 bis 60 Minuten garen. Die Sauce mit angerührtem Stärkemehl binden und würzig abschmecken.

Beilage: Semmelknödel

500 g mageres Lammfleisch
3 Zwiebeln
60 g Fett
4 grüne Paprikaschoten
$\frac{1}{2}$ l Fleischbrühe (instant)
3 EL Tomatenmark
1 TL Stärkemehl
Salz
Edelsüßpaprika
1 EL Essig

Gefüllte Lammschulter mit Pfeffersauce

Foto nebenstehend

1 kg Lamm-
schulter
½ l trockener
Rotwein
4 EL Öl
2 Lorbeerblätter
4 Schalotten
1 Möhre
5 Pfefferkörner
1 Msp. Thymian,
gerebelt
500 g kleine
Zucchini
Salz
250 g frische
Champignons
30 g Butter
4 gewässerte
Sardellenfilets
2 Knoblauchzehen
100 g Rahmfrisch-
käse
40 g Semmel-
brösel
1 EL frische,
gehackte Majoran-
blätter (oder 1 TL
getrocknete)
1 bis 2 Eier (je
nach Größe)
Bratfolie oder ein
großer Bratbeutel

Für 6 Personen:

Die Lammschulter entbeinen und so flach wie möglich klopfen. Aus Wein, Öl, Lorbeerblättern, 2 gehackten Schalotten, der gehackten Möhre, Pfefferkörnern und Thymian eine Beize bereiten. Die Lammschulter 4 bis 6 Stunden beizen. Für die Füllung Zucchini in dünne Scheiben schneiden, lagenweise mit Salz bestreuen. 20 Minuten ziehen lassen, abspülen, ausdrücken und hacken. In Scheiben geschnittene Champignons und die restlichen gehackten Schalotten in Butter andünsten, mit Zucchini, gehackten Sardellenfilets, zerdrückten Knoblauchzehen und den restlichen Zutaten zu einer geschmeidigen Farce mischen, auf die gründlich abgetrocknete Lammschulter streichen und diese zusammenrollen. Mit Rouladengarn oder Zahnstochern fixieren. Mit Salz einreiben und in Bratfolie oder Bratbeutel den aufgedruckten Vorschriften entsprechend 60 Minuten braten.
Bratensaft aus einem in die Folie geschnittenen Loch ablaufen lassen und auffangen. Schulter so lange warm halten, bis die Sauce bereitet ist.

Beilagen: in Knoblauchbutter
         gebratene Weißbrotscheiben

Gefüllte Lammschulter mit Pfeffersauce

Lammroulade mit Champignonfüllung

1 kg Lamm-
schulter ohne
Knochen
Salz, Pfeffer
150 g Leberpastete
100 g Champi-
gnons
1 Bund Petersilie
80 g Butter
gut ⅛ l heiße
Fleischbrühe
⅛ l Sahne
3 EL Sherry

Für 6 Personen:

Die Lammschulter entbeinen und zu einer großen Rouladenscheibe schneiden lassen. Das Fleisch salzen und pfeffern. Die Leberpastete cremig rühren und auf die Roulade streichen. Die Champignons putzen, waschen und in feine Scheiben schneiden. Petersilie fein hacken. 2 EL Butter in einer kleinen Pfanne erhitzen und Pilze und Petersilie darin 2 Minuten anbraten. Die Mischung auf die Leberpastete verteilen. Das Lammfleisch aufrollen, mit Küchengarn umwickeln und in eine feuerfeste Form legen. Die restliche Butter in einem Topf zerlassen und über das Fleisch gießen. Die Form auf die mittlere Schiene des Ofens stellen und das Fleisch 15 Minuten anbräunen lassen, dabei einmal wenden. Bei 180 Grad etwa 40 Minuten schmoren lassen und die Fleischbrühe in die Form gießen. Den Faden entfernen, die Lammroulade in Scheiben schneiden und auf einer Platte anrichten und warm stellen. Den Bratsatz mit wenig Wasser loskochen und durch ein Sieb in einen kleinen Topf gießen. Kurz aufkochen lassen. Sahne einrühren und die Sauce mit Salz, Pfeffer und Sherry abschmecken. Die Sauce getrennt servieren.

Beilagen: Butterbohnen und Salzkartoffeln

Milchlamm auf römische Art

1 kg Milchlamm
(entbeinte
Schulter)
1 EL Schweinefett

Für 4 Personen:

Die Fleischstücke mit dem Fett in eine Kasserolle geben und bei großer Hitze rundum anbraten. Mit Salz und

Pfeffer bestreuen und unter gelegentlichem Wenden etwa 60 Minuten braten. Die durchgepreßte Knoblauchzehe und den Rosmarin beifügen. Das Fleisch mit dem Mehl bestäuben. Essig mit Wasser auf 2 dl auffüllen und dazugießen. Nochmals umrühren und dabei mit dem Kochlöffel den Bratensaft lösen. Die Hitze reduzieren und etwa 15 Minuten schmoren. Wenn nötig, nochmals etwas Wasser beifügen. Die Sardellenfilets mit einigen EL Fleischsaft auf einen Teller geben und zerdrücken, bis ein Brei entsteht. Am Ende der Kochzeit zum Lamm geben, gut umrühren, etwa 1 Minute ziehen lassen und alles auf einer vorgewärmten Platte anrichten. Die Sauce soll ziemlich dick und eingekocht sein.

Beilagen: Erbsen, Artischocken, Kartoffeln,
              grüner Salat

oder
2 EL Olivenöl
Salz, Pfeffer
½ Knoblauchzehe
1 Rosmarinzweiglein oder 1 TL getrockneter Rosmarin
½ EL Mehl
6 EL Weinessig
3 Sardellenfilets

Lammgratin mit Zwiebelreis

Für 4 Personen:

Das Fleisch vom Knochen lösen und so dünn wie möglich in Streifen schneiden. 2 Zwiebeln pellen und in feine Scheiben schneiden. Fleisch und Zwiebeln mit Rosmarin und Thymian mischen und in eine flache Gratinform geben. Mit der Brühe begießen und im Backofen bei 225 Grad etwa 1 Stunde garen. Danach sollte die Flüssigkeit fast ganz eingezogen sein. Im Mixer das Brot mit der Knoblauchzehe und der Petersilie fein hacken, über das Gratin streuen und nochmals 20 Minuten überbacken (evtl. einige Butterflöckchen daraufsetzen). Die restlichen Zwiebeln pellen und würfeln, in der Butter 10 Minuten langsam weich dünsten. Reis zugeben, ½ l Wasser dazugießen und salzen. 15 Minuten ausquellen lassen. Abschmecken und mit dem Gratin servieren.

750 g Lammschulter oder -blatt
4 Zwiebeln
Thymian
Rosmarin
Pfeffer
knapp ¼ l Fleischbrühe
2 Scheiben Graubrot
1 Knoblauchzehe
1 Bund Petersilie
1 EL Butter
250 g Langkornreis
Salz

Beilage: Tomatensalat

SCHMOREN

Foto nebenstehend

Lamm in Weißwein

*1 kg Lammfleisch
(aus der Schulter
oder Keule)
1 TL Salz
1 Prise schwarzer
Pfeffer
3 EL Mehl
2 EL Öl
4 Knoblauchzehen
½ l Weißwein,
trocken
1 Lorbeerblatt
2 Eigelb
1 EL Zitronensaft
2 EL gehackte
Petersilie*

Für 4 Personen:

Das Fleisch entbeinen und in Würfel schneiden. Das Mehl mit den Gewürzen mischen und das Fleisch darin wälzen. Danach das Öl in die Pfanne geben und das Fleisch zusammen mit dem Knoblauch anbraten. Eine Kasserolle bereitstellen, das Fleisch einfüllen und mit dem Weißwein auffüllen. Das Lorbeerblatt auf das Fleisch legen, bevor die Kasserolle zugedeckt für etwa 1½ Stunden bei mittlerer Hitze in den Backofen kommt. Danach das Eigelb schaumig schlagen und dabei den Zitronensaft hinzufügen. Diese Mischung am Ende der Kochzeit in den Bratsud geben. Vor dem Servieren mit Petersilie bestreuen.

Beilagen: Baked Potatoes oder in Butter geschwenkte Kartoffeln sowie grüner Salat

Lammkeule auf englische Art

*Pfefferminzkraut
geräucherter
Speck
Kartoffeln
Karotten
Worcester-
shiresauce*

Die Keule wird mit getrockneten Pfefferminzkräutern kräftig eingerieben und in einen in Essig getränkten Leinenlappen eingehüllt über Nacht liegengelassen. Eine große Bratpfanne legen Sie mit dünnen Scheiben geräuchertem Speck aus, legen das Fleisch darauf und ringsherum kleine rohe Kartoffeln und junge Karotten im ganzen. Bei mittlerer Hitze im Backofen braten. Den Braten ab und zu mit einem Löffel kaltem Wasser begießen. Kurz vor dem Anrichten mit Pfeffer und Salz würzen. Dazu Worcestershiresauce reichen.

Lamm in Weißwein

Lammpfanne auf dänische Art

250 g Lammfleisch
(aus dem Nacken)
50 g Frühstücks-
speck
1 TL Öl
1 Zwiebel
1 Paprikaschote
250 g Langkorn-
reis
1 großer Apfel
300 g Erbsen
Pfeffer, Salz
Majoran
½ l Hühnerbrühe
(instant)
4 Eigelb

Für 4 Personen:

Den Frühstücksspeck in feine Streifen schneiden und in dem Öl glasig werden lassen. Lammfleisch würfeln, Zwiebel und Paprikaschote putzen und in feine Würfel schneiden, in die Pfanne geben. Reis zugeben, die Brühe angießen, salzen, pfeffern und mit Majoran würzen. 10 Minuten köcheln lassen. Apfel schälen und würfeln, Erbsen abgießen, beides zugeben, weitere 5 Minuten ausquellen lassen, abschmecken. Auf vier Teller verteilen.
In jede Portion eine Vertiefung drücken und das Eigelb hineingleiten lassen.

Lammschulter mit weißen Rüben

500 g Lamm-
schulter
4 EL Butter
1 EL Mehl
1½ Tassen Brühe
(instant)
Salz, Pfeffer
500 g weiße
Rüben

Für 4 Personen:

Das Fleisch von den Knochen lösen und zusammengebunden in der Hälfte der Butter auf allen Seiten anbräunen. Daneben im Bratfett das Mehl anrösten, die Brühe zugeben und aufkochen lassen. Würzen und zugedeckt das Fleisch in etwa 120 Minuten fertigdünsten. Die Rüben zurichten, in Scheiben schneiden und in der restlichen Butter goldgelb dünsten. Wenn das Fleisch dreiviertelgar ist, die Rüben zugeben. Das Fleisch auf einer Platte anrichten, mit den Rübenscheiben umgeben und mit der durchgeseihten Sauce übergießen.

Beilage: Salzkartoffeln

Spanische Lammschulter

Für 6 Personen:

Das Fleisch mit Pfeffer, Majoran und Salz einreiben, zusammenrollen und mit Küchengarn umwickeln. Die Margarine in einer Bratenpfanne erhitzen und das Fleisch darin 10 Minuten ringsherum anbraten. Den Wein zugießen und die Lorbeerblätter einlegen. Die Bratenpfanne mit Alufolie abdecken und auf die mittlere Schiene des Backofens stellen. Gut 60 Minuten bei 220 Grad schmoren lassen. Die Paprikaschoten putzen, waschen und in Streifen schneiden. Die Knoblauchzehen und die Petersilie grob hacken. Butter und Öl in einem Topf erhitzen. Paprika und Knoblauch darin unter Rühren anbraten, ohne daß das Gemüse Farbe annimmt. Die Petersilie zugeben. Das Fleisch aus der Bratenpfanne nehmen und warm stellen. Den Bratsatz mit wenig Wasser loskochen und über das Gemüse gießen. Gut umrühren und noch 5 Minuten köcheln lassen. Den Faden vom Fleisch lösen. Die Lammschulter in Scheiben schneiden und auf einer vorgewärmten Platte anrichten, das Gemüse dazugeben.

Beilagen: verschiedene Salate und Weißbrot

1 kg Lammschulter ohne Knochen
schwarzer Pfeffer
Salz
1 TL getrockneter Majoran
3–4 EL Margarine
¼ l Weißwein
2 Lorbeerblätter
3 rote Paprikaschoten
3 Knoblauchzehen
1 Bund Petersilie
2 EL Butter
1 EL Öl

Lammkeule auf amerikanisch

Die gespickte Keule mit Pfeffer einreiben, mit Butter bestreichen und dick mit Semmelmehl bestreuen. In reichlich Fett unter häufigem Begießen goldbraun braten, mit Weißwein oder Apfelwein ablöschen. Wenn die Keule gar ist, aus der Sauce herausnehmen und warm stellen. Die Sauce mit in Milch verquirltem Mehl eindicken und mit einem Löffel Johannisbeergelee würzen.

Magerspeck, geräuchert
Semmelmehl
Weiß- oder Apfelwein
Mehl
Johannisbeergelee

SCHMOREN

Lammnacken mit frischen Gurken

750 g entbeiner
Lammnacken
2 EL Butter oder
Schmalz
2 Zwiebeln
3 Knoblauchzehen
½ l Wasser
4 Nelken
2–3 Lorbeerblätter
Pfeffer, Salz
1 große Gurke
Mehl
Zitronensaft, Dill
saure Sahne
Rosenpaprika

Für 6 bis 8 Personen:

Den Lammhals mit Bindfaden umwickeln, dann in einem Schmortopf das Fett zerlassen und die feingehackten Zwiebeln und Knoblauchzehen glasig dünsten, mit ½ l kochendem Wasser löschen. Mit Nelken, Lorbeerblättern, Pfeffer und Salz würzen. Den Lammhals hineingeben und etwa 90 Minuten weich dämpfen. Gurke schälen, vierteln und in 5 cm lange Stücke schneiden, in Butter mit ein wenig Fleischbrühe übergießen und 5 bis 10 Minuten dünsten. Mit Mehl bestäuben und salzen. Die Gurken nicht umrühren, keine Brühe mehr zugeben. Beim Anrichten werden sie mit dem Saft einer Zitrone beträufelt und mit feingewiegtem Dill bestreut. Den Lammhals in Scheiben schneiden und auf einer heißen Platte kranzartig anrichten. Die Brühe durch ein Sieb passieren. Mit dem in saurer Sahne verrührten Mehl legieren, mit Rosenpaprika würzen und über die Fleischscheiben gießen.

Beilage: Reis oder Salzkartoffeln

Lammkeule auf Bordelaiser Art

Schinkenstreifen
Bratenmett
Magerspeck,
geräuchert
Zwiebeln
Knoblauch
weiße Rüben
Tomatenmark

Die Keule ausbeinen, mit Schinkenstreifen spicken, mit Bratenmett füllen, anbraten, dann schmoren. Sobald die Keule halb gar ist (90 Minuten), geräucherten Speck, in Viertel geschnittene Karotten, weiße Rüben, Zwiebel, Knoblauch und Kräuter nach Geschmack beigeben und fertigschmoren. Mit Speck und Gemüsen anrichten. Dazu eine Tomatensauce bereiten, die mit dem eingekochten Schmorfond vermengt wurde.

Gefüllte Lammschulter mit Honigkruste

Für 4 bis 6 Personen:

Fleisch von Haut und Fett befreien und auf beiden Seiten einschneiden. Alle Gewürzzutaten mit Honig vermischen, pürieren und die Keule damit bestreichen. Das Fleisch zusammenbinden und zugedeckt in einer Schüssel über Nacht im Kühlschrank kalt stellen. Die Keule mit Folie abdecken und zunächst bei 200 Grad (Gas: Stufe 6) im Backofen 30 Minuten und dann bei 180 Grad (Gas: Stufe 4) weitere 30 Minuten backen. Regelmäßig mit dem Bratfett bestreichen. Aus dem Ofen nehmen und kalt stellen. Den Bratensaft mit einer Tasse Wasser aufgießen, abseihen und mit Stärke andicken.

Zubereitung des Weißkrauts:
Öl in einer großen Pfanne erhitzen, die halbierten und in feine Streifen geschnittenen Paprika zufügen und das Ganze 2 bis 3 Minuten dünsten. Karotten grob raspeln und mit dem feingeschnittenen Weißkraut mischen und 1 Minute unter ständigem Rühren mitdünsten. Salz, Pfeffer und Zucker zufügen. Je nach Belieben auch Senfkörner und Koriander zugeben. Noch 1 Minute dünsten, vom Herd nehmen und den Zitronensaft zufügen. Eine große Schüssel mit einer dünnen Lage Weißkraut auslegen. Die Lammschulter portionieren und auf dem Weißkraut anrichten. Das restliche Gemüse über die Schulter geben, die Sauce darübergießen und vor dem Servieren im Ofen oder der Mikrowelle nochmals aufwärmen.

Beilage: Kartoffel- oder Semmelklöße

1 kg entbeinte Lammschulter oder Steaks aus der Keule
½ TL Ingwerpulver
3 gehackte Knoblauchzehen
350 g gewürfelte Zwiebeln
50 g gewürfelte grüne Paprika
½ TL Salz
150 ml Honig
Saft einer Zitrone
110 g geschmolzene Butter
1 TL Speisestärke

Zutaten für das Weißkraut:
450 g Weißkraut
450 g Karotten
1 große grüne Paprikaschote
1 große rote Paprikaschote
75 ml Gemüseöl
2 EL ganze schwarze Senfkörner
2 TL Salz, Pfeffer
1 TL Zucker
1 TL gemahlener Koriander
2 EL Zitronensaft

SCHMOREN

Lamm, geschnetzelt, in pikanter Sauce

Lamm, geschnetzelt, in pikanter Sauce

Für 4 Personen:

Frühlingszwiebeln putzen, waschen und schräg in längliche Stücke schneiden. Ingwer schälen und in feine Scheiben schneiden. Knoblauch abziehen und durch die Knoblauchpresse drücken. Austernpilze putzen, waschen und in Streifen schneiden. Sojasauce, Kalbsfond und Mehl verquirlen. Gewaschene, wieder trockengetupfte Lammschulter in gleichmäßige Streifen schneiden und in einer heißen beschichteten Pfanne ohne Fett anbraten. Salzen, pfeffern, Fleisch aus der Pfanne nehmen. Bratensatz mit etwas Wasser oder Brühe loskochen. Frühlingszwiebeln, Ingwer, Knoblauch und Pilze hineingeben und bei nicht zu starker Hitze unter mehrmaligem Wenden darin andünsten. Verquirlte Flüssigkeit angießen, alles unter Rühren einmal aufkochen und etwa 3 Minuten leicht köcheln lassen. Fleisch zufügen, in der Sauce erwärmen und das Gericht mit Sambal Oelek abschmecken. Für die Beilage den Reis in Salzwasser oder einer kräftigen Brühe ausquellen lassen. Petersilie untermischen und zu dem Lammgeschnetzelten servieren.

Beilage: Tomatensalat mit Zwiebeln

Foto nebenstehend

*700 g Lamm-
schulter
350 g Frühlings-
zwiebeln oder
Schalotten
15 g frischer
Ingwer
2 Knoblauchzehen
125 g Austern-
pilze
(im Notfall
Champignons)
4 EL Sojasauce
200 ml Kalbsfond
aus dem Glas
1 TL Mehl
Salz
Pfeffer aus der
Mühle
½ TL Sambal
Oelek*

*Für die Beilage:
75 g Langkornreis
1 EL gehackte
Petersilie*

SCHMOREN

Lammbraten mit Feigen und Brombeeren

1,2 kg Lammkeule
ohne Knochen
40 g Bratfett
Salz, Pfeffer
4 frische Feigen
(notfalls Konserve)
120 g Brombeeren
(notfalls Brom-
beerkonfitüre)
20 g grüne
Pfefferkörner
20 g Möhren
20 g Sellerie
40 g Zwiebeln
¼ l Brühe
oder Wasser
1 TL Tomaten-
mark
30 g Butter für
die Früchte
Thymian, Knob-
lauch, Pfeffer,
etwas Salbei
und Rosmarin
2 Nelken
⅛ l Rotwein
2 EL Crème
fraîche
4 cl Cassis

Für 4 Personen:

Die Lammkeule mit Salz und Pfeffer würzen und in heißem Fett rundherum braun anbraten. Danach im Backofen bei 160 Grad etwa 60 bis 90 Minuten garen. Möhren, Sellerie und Zwiebeln schälen und in grobe, etwa 1,5 cm dicke Würfel schneiden. Nach ca. 50 Minuten Garzeit das Gemüse dem Braten beifügen und mitrösten lassen, zwischendurch mit Brühe ablöschen. Nach Ende der Garzeit den Braten aus dem Ofen nehmen, in Alufolie einwickeln und warm halten. Zu dem Fond (Gemüse in der Brühe) Tomatenmark dazugeben und auf dem Herd erhitzen, mit Rotwein ablöschen und mit der restlichen Brühe (Wasser) auffüllen. Thymian, Knoblauch, Nelken, Pfeffer, Salbei und Rosmarin dazugeben und etwa 20 Minuten bei mäßiger Hitze auskochen lassen. Dann alles durch ein Sieb passieren und warm halten. Butter erhitzen und den grünen Pfeffer darin anschwitzen. Mit Cassis ablöschen. Anschließend den passierten Bratenfond zugeben und alles kurz aufkochen lassen. Zum Schluß die Feigen in Spalten schneiden und mit den Brombeeren dazugeben. Nochmals gut durchziehen lassen.

Beilage: Kartoffelrösti

Lammrouladen mit Orangensauce

Für 4 Personen:

Das Fleisch salzen, pfeffern und mit den feingehackten Kräutern bestreuen. Die Eier hart kochen, schälen und auf das Fleisch legen. Dann die Fleischscheiben fest aufrollen und mit Küchengarn umbinden.
Öl und Butter in einem Topf erhitzen und die Rouladen darin rundherum kräftig anbraten, danach etwas Fond auffüllen und 45 Minuten schmoren lassen.
Dann die Champignons putzen, in Scheiben schneiden und mit den Rosinen in den Topf geben, etwa 10 Minuten mitgaren. Die Rouladen herausnehmen, mit Folie bedeckt warm stellen.
Das Johannisbeergelee mit der abgeriebenen Schale, dem Saft sowie dem Meerrettich in den Bratfond geben, gut verrühren. Die Sauce etwas einkochen lassen, mit einer Prise Zucker, Salz und Pfeffer abschmecken und zu den Rouladen servieren.

Beilage: Butterreis oder Kartoffelpüree

*4 Lammrouladen
(800 g)
Salz
schwarzer Pfeffer
1 EL gehackte
Petersilie
1 TL gehackte
Minze
1 Prise Majoran
4 Eier
2 EL Öl
25 g Butter
¼ l Kalbsfond
(Glas)
150 g Champignons
25 g Rosinen
20 g Butter*

*Für die Sauce:
3 EL Johannisbeergelee
abgeriebene
Schale von je
1 unbehandelten
Orange und
Zitrone
Saft von 1 Orange
und ½ Zitrone
1 TL geriebener
Meerrettich (Glas)*

SCHMOREN

Lammbraten

750 g Lamm-
fleisch (von Bug
oder Keule)
Salz, Pfeffer
1 Zitrone
2 TL Senf
40 g Schweinefett
1 Zwiebel
1 Knoblauchzehe
Suppengrün
$\frac{1}{4}$ l heiße Brühe
(oder Wasser)
Thymianstengel
3 Wacholder-
beeren
1 Tasse saure
Sahne
2 TL Stärkemehl

Für 4 Personen:

Das Fleisch mit einem Gemisch aus Salz, Pfeffer, Zitronensaft und feingeriebener Zitronenschale kräftig einreiben und mit Senf bestreichen. In heißem Fett 5 Minuten von allen Seiten anbraten. Die feingeschnittene Zwiebel, den mit Salz zerdrückten Knoblauch und würfelig geschnittenes Suppengrün beigeben. Alles 5 Minuten mitbraten. Nach und nach mit heißer Brühe aufgießen; Thymian und zerdrückte Wacholderbeeren dazugeben. Etwa 90 Minuten braten. Dazwischen immer wieder mit Bratenfond begießen. Sobald das Fleisch gar ist, herausnehmen, in 4 Portionsstücke schneiden und warm stellen. Den Bratfond etwas einkochen lassen, mit Sahne und Stärkemehl, beides mit wenig kalter Flüssigkeit glattgerührt, binden und einmal aufkochen. Etwas davon sehr heiß über die Fleischstücke des angerichteten Bratens gießen, den Rest der Sauce extra servieren.

Muß immer sehr heiß serviert werden.

Lammrücken mit Kräutern

1 Lammrücken
3 EL Olivenöl
3 mittelgroße Zwiebeln
6 Knoblauchzehen
400 g Tomaten
1 EL Rosmarin
1 TL Thymian
1 TL Glutamat
1 EL Sardellenpaste
Pfeffer, Salz

Für 6 bis 10 Personen:

Den Rücken vom Schlachter bis auf das Rückgrat in Scheiben schneiden lassen, der Knochen muß den Braten noch zusammenhalten. Das Olivenöl in einer Pfanne erhitzen und darin die gehackten Zwiebeln und die zerdrückten Knoblauchzehen hellbraun anbraten. Die Tomaten mit kochendem Wasser überbrühen, abpellen und in grobe Stücke geschnitten in die Pfanne geben und etwa 25 Minuten schmoren lassen. Mit Rosmarin, Thymian, Glutamat, Sardellenpaste, Pfeffer und Salz würzen. Die gut durchgemengte Masse zwischen die Fleischscheiben streichen. Das Fleisch auf ein großes Stück extrastarke und mit etwas Butter gefettete Alufolie legen und die Folie um das Fleischstück falten. Im vorgeheizten Grillgerät oder Backofen etwa 60 Minuten grillen. Die Folie oben öffnen und weitergrillen oder mit Oberhitze weitergaren, bis sich eine Kruste gebildet hat.

Beilagen: Grilltomaten und Pommes frites

Gebackenes Lammfleisch

1 kg Lammschlegel, Schulter oder Rippenstück
Salz, Pfeffer
100 g Mehl
2 Eier
125 g Semmelbrösel
Backfett

Für 4 bis 6 Personen:

Das in Portionsstücke geschnittene Fleisch etwas klopfen, mit Salz und Pfeffer bestreuen, in Mehl, Ei und Semmelbröseln (oder Paniermehl) wenden und in heißem Fett langsam auf beiden Seiten backen.

Beilage: Kartoffelsalat

Gebackene Lammscheiben

Für 4 Personen:

Die Lammrückenscheiben mit der zerdrückten Knoblauchzehe gut einreiben, mit 1 EL Öl bepinseln und mit Salz und Pfeffer würzen. Die Semmelbrösel mit Parmesan und Zwiebelpulver mischen. Die Fleischscheiben darin panieren. Das restliche Öl in einer Pfanne erhitzen und die Lammscheiben darin auf jeder Seite 5 Minuten braten. Die Zitrone achteln oder in dünne Scheiben schneiden. Das Fleisch auf eine gut vorgewärmte Platte legen und mit der Zitrone garnieren.

Beilage: Kartoffelsalat mit Kräutern

4 Lammrückenscheiben zu je 200 g
1 Knoblauchzehe
4 EL Öl
Salz, Pfeffer
3 EL Semmelbrösel
2 EL geriebener Parmesankäse
1 Prise Zwiebelpulver
1 Zitrone

Lammkotelett vom Grill

Für 4 Personen:

Die Fettränder der Koteletts im Abstand von etwa 5 cm einschneiden und entweder mit Pfeffer einreiben, mit dem Senf bestreichen und mit dem Öl bepinseln oder dick mit der Steaksauce bestreichen und 20 Minuten zugedeckt ruhen lassen. Dann die Koteletts auf den Rost legen und nach etwa 6 Minuten wenden. Das Fleisch ist gar, wenn es dem Druck der Zange nur noch wenig nachgibt.
Während das Fleisch grillt, die Gänseleber mit dem Weinbrand sahnig rühren. Die fertigen Koteletts salzen, mit dieser Creme bestreichen und noch einmal so lange grillen, bis die Creme zu schmelzen beginnt.
Die Koteletts auf einer vorgewärmten Platte anrichten und heiß servieren.

8 Lammkoteletts zu je 125 g
4 Msp. Pfeffer (oder mehr)
4 EL Senf oder 8 EL fertige Steaksauce
2 EL Öl
200 g feine Gänseleber oder Leberwurst
4 EL Weinbrand
1 TL Salz
einige Champignons
2 Tomaten
1 Bund Petersilie

Foto nebenstehend

Marinierte Lammkoteletts mit Sauce Osborne

2 EL mittel-
scharfer Senf
4 EL Brandy
Osborne
5 EL Öl
2 bis 3 Zweige
Estragon (1 EL
getrocknete
Blätter)
2 Knoblauchzehen
4 doppelte
Lammkoteletts
⅛ l Wasser
1 TL Bratensaft
(instant)
1 Becher (200 g)
Crème fraîche
Salz, Pfeffer

Für 4 Personen:

Senf, Brandy Osborne und 2 EL Öl verrühren. Estragonblätter abzupfen, hacken. Knoblauch schälen, hacken oder durchpressen. Die Hälfte vom Estragon und den Knoblauch unter die Marinade rühren. Lammkoteletts von beiden Seiten damit bestreichen, mindestens 1 Stunde zugedeckt marinieren. Danach das Fleisch abtropfen lassen, im restlichen, erhitzten Öl in der Pfanne bei mittlerer Hitze von jeder Seite 3 bis 4 Minuten braten. Koteletts herausnehmen, warm halten. Wasser, restliche Marinade, Bratensaft und Crème fraîche zum Bratensaft geben, aufkochen lassen. Mit Salz und Pfeffer abschmecken und restliche Estragonblätter zufügen. Lammkoteletts in der Sauce Osborne servieren.

Dazu schmeckt Tomatenreis. Dafür Tomatenachtel in etwas Fett erhitzen, unter den gekochten Reis mischen.

Lammkoteletts naturell

8 Lammkoteletts
Salz, Pfeffer
1 EL Mehl
80 g Butter
2 Zwiebeln

Für 4 Personen:

Den Fettrand der Koteletts einschneiden. Die Koteletts dann salzen, pfeffern, in Mehl wenden und im heißen Fett mit den feingeschnittenen Zwiebelringen zuerst auf beiden Seiten anbraten und dann zugedeckt bei geringer Hitze etwa 20 Minuten fertigbraten. Zum Ablöschen nach Belieben etwas Fleischbrühe oder Bratensauce verwenden.

Beilage: Wildreis oder Salat

Marinierte Lammkoteletts mit Sauce Osborne

Lammkoteletts mit Zwiebelbrei

1 kg Lammrücken
in 10 bis
12 Stücken
Salz, Pfeffer
4 bis 6 Zwiebeln
in Scheiben
100 g geräucherter
Schinken
in Würfeln
40 g Butter
zum Braten
⅛ l Sahne
30 g Butter
40 g Mehl
Fleischbrühe
Semmelbrösel
Mehl, Ei

Für 6 bis 8 Personen:

Die vorbereiteten Koteletts paniert in Butter braten. Zwiebeln in der Butter glasig dünsten, Mehl hinzugeben und anschwitzen, mit Sahne und soviel Fleischbrühe ablöschen, daß es nach dem Aufkochen eine ziemlich dicke Masse wird, die 10 Minuten kochen muß. Sauce durch ein Sieb rühren und nochmals erhitzen, Schinken hineingeben und mit Salz und Pfeffer abschmecken.

Koteletts mit der Sauce heiß servieren.

Beilagen: Kartoffeln oder Rösti

Mutton-Chops

4 doppelte
Lammkoteletts zu
je 200 g
40 g Kräuter-
butter
weißer Pfeffer,
Salz
4 EL Öl
4 Zitronen-
scheiben

Für 4 Personen:

Die Kräuterbutter zu einer Rolle von 3 cm Durchmesser formen, in Alufolie wickeln und in das Tiefkühlfach legen. Die Chops mit Pfeffer einreiben. Das Öl in einer Pfanne stark erhitzen und die Fleischstücke darin bei mittlerer bis starker Hitze auf jeder Seite 8 Minuten braten, anschließend salzen. Das Fleisch auf einer vorge-wärmten Platte anrichten und mit den Zitronenscheiben belegen. Die Kräuterbutter in 4 Scheiben schneiden und auf die Zitronenscheiben setzen.

Beilagen: Pommes frites und grüner Salat

Spanische Lammkoteletts

Für 4 Personen:

Die Koteletts 1 Stunde in Weißwein legen. Dann in Mehl wenden und in Fett auf beiden Seiten braun anbraten. Das Fleisch soll innen rosa bleiben. Die geschnittenen Champignons in Butter 2 Minuten dünsten, mit Mehl bestäuben, mit dem Weißwein aufgießen, mit Salz, Pfeffer und Zucker abschmecken. Die Koteletts auf einer feuerfesten Platte anrichten, mit der Sauce übergießen, mit geriebenem Käse bestreuen. Im Backofen mit starker Oberhitze goldgelb überbacken. Auf jedes Kotelett einen Tupfen Ketchup geben.

Beilagen: Bratkartoffeln und Tomatensalat

8 Lammkoteletts
1 Tasse Weißwein
Fett zum Braten
40 g Butter
100 g Champignons
2 EL Mehl
Salz, Pfeffer
Zucker
50 g geriebener Käse
Tomatenketchup

Lammkoteletts mit Preiselbeeren

Für 4 Personen:

In jedes Kotelett vom Schlachter eine Tasche schneiden lassen. Das Fleisch etwa 60 Minuten in Rotwein einlegen. Mit Salz, Pfeffer und zerdrückten Wacholderbeeren einreiben und die Taschen mit Preiselbeeren füllen, mit Zahnstochern zustecken. Die Koteletts in Mehl wenden, in heißem Fett von beiden Seiten etwa 8 Minuten braten und noch 5 Minuten in der geschlossenen Pfanne schmoren. Die fertigen Koteletts auf einer Platte warm stellen. In dem Bratfett das Mehl bräunen, mit Wasser und Rotwein ablöschen und kurz aufkochen lassen. Die Sauce mit Salz, Pfeffer und Zucker pikant abschmecken. Zu den Koteletts reichen.

Beilagen: Kartoffelklöße und grüner Salat

4 dicke Lammkoteletts (je 200 g)
¼ l Rotwein
Salz, Pfeffer
8 Wacholderbeeren
4 EL Preiselbeeren (Glas)
20 g Mehl
Mehl zum Wenden
Fett zum Braten
⅛ l Wasser
1 Prise Zucker

BRATEN und GRILLEN

Foto nebenstehend

Marinierte Lammkoteletts mit Kräutern

8 Lammkoteletts
⅛ l Öl
1 EL Kräuter-
mischung aus
Oregano, Rosma-
rin, Thymian und
wenig Basilikum
Salz, Pfeffer
4 bis 5 Knoblauch-
zehen

Für 4 Personen:

Die Knoblauchzehen kleinschneiden und mit dem Salz zerquetschen. Mit den Kräutern und dem Öl vermischen. Die Koteletts für etwa 1 bis 2 Stunden in diese Marinade legen. Zwischendurch mehrmals wenden. In einer Pfanne oder im Grill jeweils auf einer Seite etwa 4 Minuten braten oder grillen.

Beilagen: Erbsen, Möhren und Püree

Lammkoteletts à la provençale

8 Lammkoteletts
zu je 80 g
2 Zwiebeln
1 Knoblauchzehe
je 1 grüne, rote
und gelbe Paprika-
schote
100 g Champi-
gnons
3 Tomaten
schwarzer Pfeffer
3 EL Butter
Salz
⅛ l trockener
Weißwein
½ TL getrockneter
Salbei

Für 4 Personen:

Zwiebeln und Knoblauch fein hacken. Paprikaschoten und Champignons kleinschneiden, die Tomaten brühen, häuten und achteln. Die Koteletts flach drücken und mit Pfeffer einreiben. 2 EL Butter in einer Pfanne erhitzen und die Koteletts darin auf beiden Seiten 4 bis 5 Minuten braten, dann salzen und warm stellen. Die restliche Butter in derselben Pfanne zerlassen und die Zwiebeln, den Knoblauch und die Paprikastreifen darin unter Rühren 3 Minuten anbraten. Die Pilze und die Tomaten dazugeben und den Weißwein zugießen. Das Gemüse mit Salz, Pfeffer und Salbei würzen und bei milder Hitze 15 Minuten schmoren lassen. Die Gemüsemischung auf den Lammkoteletts verteilen und sofort heiß servieren.

Beilage: Petersilienkartoffeln

Marinierte Lammkoteletts mit Kräutern

Lammchops mit frischer Minze

4 Lammchops von je 3 cm Dicke
2 Knoblauchzehen
6 Zweige frische Minze (notfalls getrocknete)
Saft von 1 Zitrone
2 EL Cognac
frisch gemahlener schwarzer Pfeffer
3 EL Öl
Salz

Für 4 Personen:

Den Zitronensaft mit Cognac, Pfeffer, ausgedrücktem Knoblauch und der Hälfte der feingehackten Minze verrühren. Das Fleisch unter häufigem Wenden darin etwa 3 Stunden durchziehen lassen. Danach die Koteletts abtrocknen, mit Öl bestreichen und auf dem Grill oder in der Pfanne pro Seite 5 bis 8 Minuten garen. Dann salzen, pfeffern und mit den restlichen Minzeblättchen bestreuen.

Heiß servieren.

Lammsteak, einfach

4 Lammsteaks zu je 150 g
1 Stange Lauch
1 große Möhre
½ kleine Sellerieknolle
2 Knoblauchzehen
Salz, schwarzer Pfeffer
4 EL Öl
1 EL Butter

Für 4 Personen:

Das Gemüse putzen, waschen und in fingerlange und dünne Streifen schneiden. Die Knoblauchzehen schälen und fein hacken. Die Steaks kräftig mit Pfeffer einreiben. 3 EL Öl in der Pfanne erhitzen und die Steaks darin auf jeder Seite 4 Minuten braten, anschließend salzen und warm stellen. Das restliche Öl und die Butter in der gleichen Pfanne erhitzen und die Gemüsestreifen und den Knoblauch darin 4 Minuten unter Wenden anbraten. Das Gemüse soll knackig bleiben.
Die Steaks auf eine vorgewärmte Platte legen und das Gemüse um das Fleisch herum anrichten.

Beilage: gebratene Kartoffeln

Gefüllte Lammkoteletts

Für 4 Personen:

Vom Schlachter in die Koteletts Taschen schneiden lassen. Die Füllung zubereiten: Schinken, Kalbfleisch und Gänseleber durch den Fleischwolf drehen, die Trüffeln sehr fein hacken. Alles gut miteinander vermischen und mit Salz und Pfeffer abschmecken. Die Taschen der Koteletts mit der Farce füllen. Von außen leicht salzen und jedes Kotelett in ein Stück Schweinsnetz wickeln, damit die Farce beim Braten nicht herausquillt. In Butter bei starker Hitze auf beiden Seiten scharf anbraten, die Hitze drosseln und fertigbraten. Die Koteletts warm stellen. Den Bratfond mit Madeira ablöschen, die Sahne zugießen. Etwas Salz, Pfeffer, den Senf und Kümmel zugeben und einkochen lassen. Die Koteletts mit dieser Sauce übergießen.

Sehr heiß servieren.

4 dicke Lamm-
koteletts von
etwa 200 g
80 g gekochter
Schinken
80 g Kalbfleisch
80 g Gänseleber-
pastete (Foie gras)
40 g Trüffeln
1 dl Madeira
3 dl Sahne (evtl.
etwas mehr)
1 Schweinsnetz
1 EL scharfer Senf
3 g Kümmel
geklärte Butter
Salz, Pfeffer

Lammkoteletts auf Paprikagemüse

Für 4 Personen:

Die Paprikaschoten putzen und in schmale Streifen schneiden, in der zerlassenen Butter gar dünsten. Das Gemüse mit in Sahne verrührtem Stärkemehl andicken, mit Salz und Pfeffer abschmecken und warm stellen. Die vom Fett befreiten, leicht geklopften Lammkoteletts auf den heißen Grill legen, nach jeweils 1 Minute mit Öl bestreichen. Jede Seite etwa 6 Minuten grillen. Die fertiggegrillten Koteletts mit Salz, Pfeffer und Paprika würzen, auf das Gemüse legen und mit Petersilie bestreuen.

60 g Butter
2 TL Stärkemehl
¼ l Sahne
Salz, Pfeffer,
süßes Paprika-
pulver
8 Lammkoteletts
etwas Speiseöl
gehackte Petersilie

Foto nebenstehend

Lammrückenfilet mit Steinpilzen

Für 4 Personen:

600 g Lamm-
rückenfilet
120 g Steinpilze
oder Pfifferlinge
Salz, Pfeffer
16 Kohlröschen
vom Rosenkohl
½ Sellerieknolle
2 große Karotten
160 g Prinzeß-
böhnchen
160 g Zwiebeln,
fein gewürfelt
1 Bd. Schnittlauch
30 g magerer,
gewürfelter Speck

Für die Sauce :
500 g Lamm-
knochen
20 g Speckschwarte
jeweils 20 g
Sellerie, Möhren
40 g Zwiebeln
1 Knoblauchzehe
1 TL Tomaten-
mark
20 g Mehl
0,1 l Rotwein
0,4 l Wasser oder
Brühe
Pfefferkörner
Thymian, 1 Nelke
Pfeffer

Das Lammfilet von Haut und Sehnen befreien, mit Salz und Pfeffer würzen und in heißem Fett etwa 6 bis 7 Minuten gleichmäßig anbraten. Danach mit Alufolie abgedeckt bei etwa 50 Grad Celsius im Ofen warm stellen. Sellerie und Karotten schälen und in Stäbchen schneiden; Rosenkohl putzen und an den Stengelansätzen kreuzweise einschneiden. Das Gemüse blanchieren und anschließend in heißer Butter mit wenig gehackten Zwiebeln anschwenken, mit Salz und Pfeffer abschmekken und warm stellen. Speck- und restliche Zwiebelwürfel in einer Pfanne anbraten. Die Steinpilze säubern, in Streifen schneiden und zugeben. Mit geschnittenem Schnittlauch vermengen und mit Salz und Pfeffer würzen. Die Sauce sollte nach Möglichkeit einen Tag vorher zubereitet werden. Dazu den Knochen in walnußgroße Stücke hacken, die Schwarte kleinschneiden und beides zusammen anbraten, mit Wasser zwischendurch ablöschen und dies verdunsten lassen. Dies mehrfach wiederholen. Das Gemüse (Sellerie, Möhren, Zwiebeln und Knoblauch) würfeln und zufügen. Dann das Tomatenmark zugeben, alles mit Mehl bestäuben, mit Rotwein ablöschen, mit Wasser (Brühe) auffüllen, Pfefferkörner, Thymian und Nelkenpfeffer zufügen und zur richtigen Saucenkonsistenz einkochen lassen. Zum Schluß alles durch ein Sieb passieren. Das Lammrückenfilet mit der Sauce, dem Gemüse und den Steinpilzen servieren.

Beilage: Kartoffelgratin

Lammrückenfilet mit Steinpilzen

Gegrillte Lammkoteletts mit Bohnenpüree

8 doppelte Lamm-
koteletts von je
150 g
6 EL Öl
schwarzer Pfeffer
je 1 TL getrockne-
ter Thymian und
Rosmarin
600 g grüne
Bohnen
1 Zweig Bohnen-
kraut
Salz
8 EL Sahne
weißer Pfeffer
geriebene Muskat-
nuß
1 EL Butter
¼ Bd. Petersilie

Für 4 Personen:

Die Koteletts in das Öl, das mit reichlich schwarzem Pfeffer und den zerriebenen Kräutern gemischt ist, einlegen. Die Bohnen putzen, waschen, brechen und mit dem Bohnenkraut in Salzwasser etwa 15 Minuten garen. Abschrecken, abtropfen lassen und ohne das Bohnenkraut im Mixer pürieren. Die Masse mit der Sahne in einen Topf geben und bei starker Hitze unter ständigem Rühren cremig einkochen lassen. Mit Salz, weißem Pfeffer und Muskat abschmecken. Die Butter in kleinen Stücken darunterrühren und warm stellen.
Die Lammkoteletts abtropfen lassen und auf dem Grill 6 Minuten pro Seite grillen. Auf beiden Seiten salzen und pfeffern und mit dem Bohnenpüree anrichten. Die Petersilie fein hacken und darüberstreuen.

Beilagen: Folienkartoffeln und Knoblauchbutter

Gefüllte Lammrippchen

6 Lammkoteletts
2½ EL Butter
1 EL gehackte
Zwiebeln
½ Tasse Pilze
(Dose)
2 EL Mehl
3 EL Bratensauce
1 TL Petersilie
¼ TL Salz
Cayennepfeffer

Für 6 Personen:

Die Koteletts 4 cm dick schneiden und vom Schlachter mit einer Tasche versehen lassen. Die Zwiebeln 5 Minuten in der Butter dünsten. Die Zwiebeln entfernen, die Pilze in der Butter 5 Minuten dünsten. Mehl, Bratensauce, Petersilie, Salz und etwas Cayennepfeffer zugeben. Die Mischung in die Fleischtaschen füllen. In mit Butter bestrichenes Backpapier einschlagen und 10 Minuten auf dem Rost des Backofens garen.

Ganzes Lamm am Spieß

Für 20 bis 30 Personen:

Um das ganze Lamm zu grillen, ist ein Spezialgestell erforderlich: ein Drehspieß mit Handkurbel und zwei stabilen Gabeln, in denen der Spieß lagert. Diese Gabeln werden in den Boden gerammt und sind etwa 1,50 m lang. Zweckmäßigerweise läßt man das Lamm gleich vom Schlachter auf den Spieß binden. Es soll festsitzen und darf beim Drehen nicht rutschen. Die Keulen gut mit Draht am Spieß anbinden. Das Lamm muß etwa 50 cm von der Glut entfernt sein.

Das Lamm muß nun unentwegt gedreht werden. Da dies etwa 7 Stunden dauert, muß rechtzeitig begonnen werden. Während des Grillens muß das Lamm immer wieder mit Öl eingepinselt werden. Gut eignet sich dazu ein langer Heizkörperpinsel. Während der letzten Stunde wird dem Öl noch Rosmarin, Oregano, zerdrückter Knoblauch, Pfeffer, Salz und Paprika beigegeben.

Da das Fleisch unterschiedlich weit von der Glut entfernt ist und einige Partien auch weniger fett sind, kann es sein, daß es an manchen Stellen schon zu verbrennen droht, während es sonst noch nicht gar ist. Die dunklen Stellen kann man mit Alufolie zeitweilig abdecken. Während der Grillzeit muß ständig für gute Glut gesorgt werden.

Zum Tranchieren das Lamm auf einen Tisch legen, der mit starker Alufolie bedeckt ist, um den Saft aufzufangen. Sollte das eine oder andere Stück innen noch nicht ganz gar sein, kann man diese Stücke auf einem Maschendraht über dem Feuer nachgrillen.

Beilagen: Stangenweißbrot, gebackene Kartoffeln,
Weißkrautsalat, Tomatensalat

1 ganzes Lamm (grillfertig vorbereitet), etwa 25 bis 30 kg
1 Liter Öl
1 Tasse Rosmarin
1 Tasse Oregano
20 Knoblauch-zehen
3 EL Pfeffer
3 EL Salz
4 EL Paprika, edelsüß

Lammkoteletts »Great Britain« mit Mintsauce

Foto nebenstehend

4 doppelte Lamm-
koteletts
2 Bund frische
Minze (3 EL
getrocknete Minze)
0,1 l Wasser
4 EL Weißwein-
essig
25 g Zucker
Salz
weißer Pfeffer
375 g grüne
Bohnen
4 große Scheiben
Bacon
25 g Butter
2 EL Öl

Für 4 Personen:

Für die Mintsauce Minze waschen und bis auf einige Blätter zum Garnieren fein hacken. Wasser zum Kochen bringen. Über die Minze gießen und den Weißweinessig unterrühren. Die Mintsauce mit Zucker, Salz und Pfeffer abschmecken. Erkalten lassen und eventuell nochmals nachwürzen. Bohnen putzen, waschen und in wenig Salzwasser etwa 25 Minuten dünsten. Wasser abgießen und die Bohnen zu 4 Bündeln zusammenfassen. Jedes Bündel mit einer Scheibe Bacon umwickeln und in dem heißen Fett schwenken. Lammkoteletts salzen und pfeffern. Öl in einer Pfanne erhitzen und die Lammkoteletts darin von jeder Seite 3 bis 4 Minuten goldbraun braten. Lammkoteletts mit den Speckbohnen auf einer Platte anrichten und mit Minze garnieren.
Mit der Mintsauce servieren.

Englische Lammsteaks

750 g Lamm-
rücken
Salz, Pfeffer
60 g Butter
Pfefferminze
1 EL Zitronensaft
1 Knoblauchzehe

Für 4 Personen:

Das Fleisch vom Schlachter von den Knochen lösen und zu 8 Steaks schneiden lassen. Mit Pfeffer würzen, in einer Pfanne je Seite 5 Minuten braten. Vor dem Servieren salzen. Butter hell bräunen, feinzerriebene Pfefferminze und zerquetschte Knoblauchzehe sowie Zitronensaft beigeben, auf die angerichteten Steaks geben.

Beilage: Kartoffelchips

Lammkoteletts »Great Britain« mit Mintsauce

Sosaties

1 kg Lammfleisch
200 g Speck
in Scheiben
4 Zwiebeln
1 TL Curry
2 TL Zucker
2 TL Salz
2 Tassen Essig
3 TL Milch
2 TL Stärkemehl

Für 6 Personen:

Das Fleisch in Würfel schneiden und die Zwiebeln hakken. Aus Curry, Zucker, Salz und Essig eine Marinade rühren. Fleisch und Zwiebeln vermischen und mit der Marinade übergießen. Mindestens 12 Stunden stehenlassen, zwischendurch umrühren. Das Fleisch herausnehmen und auf Spieße stecken, wobei jeweils 1 Scheibe Speck zwischen die Fleischwürfel kommen soll. Auf dem Grill 10 bis 15 Minuten garen lassen. Die Marinade erhitzen und, mit dem in Milch angerührten Stärkemehl gedickt, als Sauce zu den gegrillten Sosaties reichen.

Rasnici

Spieße:
375 g Lammfleisch
2 Lammnieren
125 g Schinken-
speck in Scheiben
2 große Zwiebeln
½ grüne Paprika-
schote
3 Tomaten
1 EL Öl

Marinade:
je ½ TL Salbei
und Basilikum
1½ TL Petersilie
Saft von 1 Zitrone
2 EL Öl
je ½ TL Pfeffer
und Salz

Für 4 Personen:

Die feingehackten Kräuter mit Zitronensaft, Öl, Pfeffer und Salz für die Marinade mischen. Das Lammfleisch in etwa 3 cm große Würfel schneiden. Das Fleisch mit der Marinade mischen und zugedeckt 30 Minuten durchziehen lassen, zwischendurch umrühren. Die Nieren der Länge nach halbieren, von Fett und Röhren befreien und 10 Minuten wässern. Den Schinkenspeck in kleine Rechtecke schneiden. Die Zwiebeln vierteln und in Blätter zerlegen und die Paprikaschote in nicht zu kleine Stücke schneiden. Die Tomaten vierteln, die Nieren in Scheiben schneiden. Die Fleischwürfel aus der Marinade nehmen und abwechselnd mit den Nierenscheiben, den Speckscheiben, den Paprikastücken, den Tomatenvierteln und den Zwiebelstücken auf vier Spieße stecken. Die Spieße mit Öl bepinseln und 10 Minuten grillen.

Beilagen: Grilltomaten und Salate

Lammsteak mit Weinbrand

Für 4 Personen:

Die Steaks breit drücken. Thymian und Basilikum mit Salz und Pfeffer vermischen und die Steaks damit einreiben. Die Butter erhitzen, die Fleischscheiben auf beiden Seiten bei guter Hitze anbraten und etwa 6 Minuten fertigbraten. Die Steaks herausnehmen, warm stellen und den Weinbrand zu dem Bratenfond gießen. Die Sauce mit dem angerührten Stärkemehl binden, abschmecken und über die Steaks gießen. Mit Zwiebelscheiben garnieren.

Beilage: frisches Brot

*4 Lammsteaks
(Keule)
1 Msp. Thymian
1 Msp. Basilikum
Salz, Pfeffer
50 g Butter
1 Gläschen
Weinbrand
1 TL Stärkemehl
geröstete Zwiebelscheiben*

Lammsteak auf klassische Art

Für 4 bis 6 Personen:

Das Fleisch je nach Personenzahl in handtellergroße Stücke schneiden, flach klopfen, mit Öl bepinseln und würzen. In einer sehr heißen Pfanne auf beiden Seiten anbräunen. Die Butter zugeben und zugedeckt bei schwacher Hitze ziehen lassen. Den Bratensatz mit einer Messerspitze Mehl, wenig Wasser und etwas Rotwein zu einer Sauce aufkochen.

Beilagen: Kartoffeln oder Pommes frites

*500 bis 750 g
Lammkeule
2 bis 3 EL Butter
Salz, Pfeffer
1 Msp. Mehl*

Lammbraten mit Kräuterkruste

Foto nebenstehend

2 Lammschultern
2 Schalotten
4 Knoblauchzehen
3 EL Olivenöl
½ TL getrocknete Thymianblättchen
½ TL getrocknete Rosmarinnadeln
2 EL heller Honig
2 EL Tomatenmark
2 EL trockener Sherry (Fino)
2 EL Sojasauce
500 g möglichst gleich große Zwiebeln
200 g gekochter Reis
50 g Butter
2 EL getrockneter Kerbel
½ Bd. gehackte glatte Petersilie
1 TL getrocknete Borretschblätter
Salz

Für 4 bis 6 Personen:

Das Lammfleisch kurz abspülen und trockentupfen. Geschälte Schalotten und Knoblauchzehen hacken und in dem Öl glasig braten. Mit den Kräutern, Honig, Tomatenmark, Sherry und Sojasauce verrühren und das Fleisch damit einstreichen, in Alufolie wickeln und 60 Minuten durchziehen lassen. Zwiebeln ungeschält in eine gut dreifingerhoch mit Wasser gefüllte, feuerfeste Form setzen und in dem auf 250 Grad (Gas: Stufe 6) geheizten Backofen in 60 Minuten garen. Dann herausnehmen und abtropfen lassen. Den Backofen auf Grilltemperatur (290 bis 300 Grad, Gas höchste Stufe) erhitzen oder einen Grill vorheizen. Das Fleisch über der Fettpfanne unter den Grill (bzw. die Oberhitze) schieben und in 25 bis 30 Minuten garen. Dabei immer wieder mit der Marinade und austretendem Fleischsaft bepinseln.

Zwiebelpüree-Beilage:
Während das Fleisch gart, die geschälten Zwiebeln im Mixer pürieren, unter den gekochten Reis mischen und in einem Topf langsam erhitzen, dabei die Butter stückchenweise dazugeben. Kurz vor dem Servieren die Kräuter einrühren, damit diese ihre Würzkraft entfalten können. Das Zwiebelpüree mit Salz abschmecken und heiß servieren.

Als zusätzliche Beilage paßt Weißbrot, in etwas Olivenöl beidseitig gebraten.

Lammbraten mit Kräuterkruste

Lammkotelettvariationen

Bei den nachstehenden Rezepten wurde auf eine Mengenangabe verzichtet. Rechnen Sie pro Person mit mindestens zwei Koteletts, da diese relativ klein sind. Bei großem Appetit können Sie bis zu vier Koteletts pro Person rechnen. – Bei den Garzeiten kann als Faustregel davon ausgegangen werden: 5 Minuten von jeder Seite braten. Lammfleisch sollte immer ganz heiß serviert werden.

Käsekotelett

Lammkoteletts
geriebener Käse

Die gebratenen Koteletts mit geriebenem Käse bestreuen und bei Oberhitze im vorgeheizten Backofen etwa 5 Minuten überbacken. Der Käse darf nicht braun werden.

Würzkotelett

Koteletts
Salz, Pfeffer
Rosmarin
Thymian
Worcestersauce
Zitrone

Die gebratenen Koteletts mit Würzbutter anrichten. Dazu 60 g schaumig gerührte Butter mit Salz, Pfeffer, Zitronensaft, einigen Tropfen Worcestersauce, 1 TL feingewiegter Petersilie und je 1 Msp. Rosmarin und Thymian gut vermischen und würzig abschmecken. Die Butter kalt stellen und beim Anrichten jedes Kotelett mit einer Scheibe belegen.

Koteletts Biarritz

Die vorbereiteten Koteletts nur auf einer Seite anbraten. Diese mit einer getrüffelten Schinkenfarce dick bestreichen, mit Butter betropfen und im heißen Ofen garen. Rundherum eine Trüffelsauce geben.

Koteletts
Schinkenfarce
Butter
Trüffelsauce

Koteletts auf Burgunder Art

Die vorbereiteten, gewürzten Koteletts in Butter anbraten, in einer Kasserolle zusammen mit angebratenen Zwiebeln, Champignonköpfen und Speckwürfeln gar dünsten. Den Fond mit einer Burgundersauce verkochen und die Koteletts darin servieren.

Koteletts
Zwiebeln
Champignons
Speckwürfel
Rotwein

Koteletts auf Lothringer Art

Das Fleisch kurz vor dem Braten mit etwas Mirabelle oder Cognac beträufeln, mit zerlassener Butter bepinseln und in heißer Pfanne oder auf dem Rost knusprig braten, mit frischer Kräuterbutter belegen und sehr heiß servieren.

Koteletts
Cognac oder
Mirabelle
Kräuterbutter

Koteletts Carignan

Koteletts mit Parmesan und frischen Weißbrotbröseln panieren, in Olivenöl braten.

Koteletts
Parmesan
Olivenöl

Koteletts auf Bauernart

Koteletts
Zwiebeln
Semmelbrösel

Die vorbereiteten, gewürzten Koteletts auf einer Seite anbraten, diese Seite mit einem braunen Zwiebelpüree dick bestreichen, mit Bröseln bestreuen, mit Butter betropfen und im heißen Ofen garen.

Koteletts Maintenon

Koteletts
Sauce Mornay
Zwiebel- und
Champignonpüree

Die Koteletts auf einer Seite braten, in eine gebutterte feuerfeste Form legen, mit einer Sauce Mornay, vermischt mit einem dicken Zwiebel- und Champignonpüree, bestreichen, mit Parmesan bestreuen, mit Butter beträufeln und im Ofen gratinieren.

Beilagen: gebratene Tomaten, Trüffelsauce

Koteletts Gavarnie

Koteletts
Colbertsauce

Die Lammkoteletts würzen und in Butter braten. Mit einer Colbertsauce, vermischt mit gehacktem Estragon, überziehen. Mit gedünstetem Kopfsalat und glasierten Zwiebelchen als Beilage anrichten.

Koteletts auf Nizzaer Art

Koteletts
Kartoffeln
grüne Bohnen
Tomaten

Die Koteletts in Öl braten. Mit kleinen, in Butter gebratenen Kartoffeln, grünen Bohnen und kleinen Tomaten garniert anrichten. Dazu eine Tomatensauce, mit gehackter Petersilie bestreut, bereiten.

Koteletts mit Kräutern

Die vorbereiteten, gewürzten Koteletts in Butter braten, herausnehmen und warm stellen. Im Bratfett gehackte Schalotten mit gehackten Kräutern anschwitzen, mit Weißwein ablöschen, etwas mit Fleischbrühe einkochen, die Koteletts wieder einlegen und gar schmoren.

Koteletts
Schalotten
Weißwein
Brühe (instant)
Kräuter

Koteletts Westmoreland

Die vorbereiteten Koteletts durch geschlagenes, gewürztes Ei, vermischt mit gehackten Trüffeln, ziehen und in geklärter Butter braten. Mit einem Champignonpüree, umrandet mit Madeirasauce, anrichten.

Koteletts
Ei, Trüffel
Champignons
Madeira

Koteletts Murillo

Die Koteletts auf einer Seite anbraten, diese mit Sauce Mornay und kleingehackten Champignons kegelförmig bedecken, mit geriebenem Parmesan bestreuen, im Ofen überbacken.

Koteletts
Sauce Mornay
Champignons
Parmesan

Koteletts auf provenzalische Art

Die Koteletts grillen oder in der Pfanne in Olivenöl braten.

Beilagen: in Öl gebratene Tomaten und
          Champignons; entkernte, blanchierte Oliven;
          Sauce provençale

Koteletts
diverse Beilagen
nach Wahl

Koteletts auf Schäferart

Koteletts
Schinken
Pilze

Die gebratenen Koteletts auf kleine Scheiben gebratenen Schinken setzen, mit glasierten Zwiebelchen, gebratenen Morcheln oder Champignons oder Steinpilzen und Strohkartoffeln anrichten.

Koteletts Nelson

Koteletts
Hühnerfarce
Zwiebelpüree
Pökelzunge

Die gewürzten Koteletts kurz anbraten, dick mit Hühnerfarce und Zwiebelpüree, gut vermischt, bestreichen, mit gehackter Pökelzunge und Parmesan bestreuen, mit Butter betropfen und im heißen Ofen garen.

Foto nebenstehend

Lammfrikadellen mit Tomatenreis

400 g Lammhack
(notfalls vom
Fleischer herstel-
len lassen)
2 Scheiben
Toastbrot
1 Ei
Paprika edelsüß
1 Knoblauchzehe
Salz, Pfeffer
Thymian
1 EL Öl
1 große Dose
Tomaten
250 g Reis

Für 4 Personen:

Das Toastbrot entrinden und in Wasser einweichen. Hack mit Ei, Paprika, pürierter Knoblauchzehe, Thymian, Pfeffer, Salz und dem ausgedrückten Brot verkneten, vier flache Frikadellen formen und in dem Öl von jeder Seite knapp 10 Minuten braten. Den Tomatensaft aus der Dose abgießen, wenn nötig auf $\frac{1}{2}$ l auffüllen und zum Kochen bringen. Mit Salz und Thymian würzen, Reis einstreuen und 15 Minuten ausquellen lassen. Dann die Tomaten aus der Dose zufügen und erwärmen. Mit den Lammfrikadellen servieren.

Beilage: Salat

Lammfrikadellen mit Tomatenreis

Gegrillte Lammzunge

4 Lammzungen
Salz
3 EL Olivenöl
1 Zwiebel
1 Bund Petersilie
2 EL frische
Pfefferminze
(evtl. 1 TL
getrocknete)
1 TL Thymian
4 EL Mehl

Für 4 Personen:

Die Zungen in Salzwasser etwa 30 Minuten kochen. Danach in kaltem Wasser abschrecken und die Haut abziehen. Der Länge nach halbieren und mit Olivenöl bestreichen, dem geriebene Zwiebel, gehackte Petersilie, Pfefferminze und Thymian beigefügt wurde. Anschließend in Mehl wälzen, nochmals mit etwas Öl bepinseln und auf dem Rost etwa 8 Minuten grillen.

Beilagen: Grillsauce und Salate

Bratklopse von Lammfleisch

500 g mageres
Lammfleisch
30 g Lamm-
nierentalg
70 bis 80 g
Semmelbrösel
1 Ei
1½ EL Butter
¼ l Wasser
1 Prise Pfeffer
2 TL Salz
geriebene Zwiebel
Mehl zum
Panieren
Fett
zum Braten

Für 4 bis 6 Personen:

Das Fleisch und den Lammnierentalg zweimal durch den Fleischwolf drehen. Die Masse mit der geschmolzenen Butter, dem warmen Wasser und den übrigen Zutaten gut durchkneten und davon Klopse formen. Diese in den mit Mehl vermischten Semmelbröseln wälzen und in heißem Fett unter häufigem Wenden etwa 5 Minuten braten. Aus dem Bratfett mit den übrigen Zutaten eine Sauce bereiten.

Sehr heiß servieren.

Beilage: Kartoffeln

Schischkebab

Für 4 Personen:

Das Fleisch würfeln und mit der Knoblauchzehe einreiben. Die Zwiebeln, die entkernten Paprikaschoten und die Aubergine in Scheiben schneiden. Alles im Wechsel mit dem Speck auf Spieße stecken und mit dem Öl bepinseln. Die Spieße auf dem Grill 10 bis 15 Minuten garen. Anschließend mit Curry oder Rosenpaprika und Salz würzen.

Beilagen: Reis, Oliven und Würzsaucen

500 g Lammfleisch aus der Keule
2 bis 3 Zwiebeln
2 rote Paprikaschoten
1 Aubergine
Öl, Salz
Curry oder Rosenpaprika
1 Knoblauchzehe
100 g durchwachsener Speck in Scheiben

Schischkebab, mariniert

Für 4 Personen:

Das Fleisch in Würfel schneiden und in eine Schüssel geben. Das Öl mit Salz, Pfeffer und Zitronensaft verrühren und über die Fleischwürfel gießen. Die Lorbeerblätter dazulegen und zugedeckt etwa 5 Stunden kühl stellen. Die Zwiebeln in dicke Scheiben, die Paprikaschoten in gleich große Stücke, Auberginen und Tomaten in nicht zu dünne Scheiben schneiden. Die Fleischstücke abwechselnd mit den Zwiebelscheiben, den Paprikastükken, den Lorbeerblättern, den Auberginen- und Tomatenscheiben auf 4 große Spieße stecken, mit dem restlichen Öl beträufeln und auf dem Rost von allen Seiten etwa 10 Minuten grillen.

Beilage: Djuveč-Reis

800 g Lammfleisch (Schulter)

Spieße:
2 große Zwiebeln
2 grüne Paprikaschoten
2 Auberginen
3 feste Tomaten
1 EL Öl

Marinade:
2 EL Olivenöl
1 TL Salz
½ TL Pfeffer
2 EL Zitronensaft
8 Lorbeerblätter

Lammfilet auf Spargelspitzen

Foto nebenstehend

300 g Lammfilet
16 Spargelspitzen,
etwa 10 cm, frisch
oder Dose
ca. 10 g Butter
grüne Bohnen,
Petersilie oder
Kerbelblätter
zum Garnieren
100 ml Lamm-
fond (Glas)

Salate:
jeweils ein paar
Blätter Frisée-,
Feld-, Kopf- und
Radicchiosalat
etwas Sauce
vinaigrette
2 Radieschen
(in Streifen)
etwas Thymian
2 Knoblauchzehen

Für 4 Personen:

Lammfilet mit Salz und Pfeffer würzen und im ganzen mit Thymian und Knoblauch braten (immer wieder drehen), bis es leicht Farbe angenommen hat; herausnehmen und etwa 10 Minuten rasten lassen. In der Zwischenzeit die Salate putzen; Spargel in Salzwasser mit einer Prise Zucker und 10 g Butter bis auf den Punkt kochen. Bei Dosenware vorsichtig erhitzen.
Die grünen Bohnen in Salzwasser kochen bzw. vorsichtig erhitzen bei Dosenware.
Salat, Spargel und grüne Bohnen mit der Sauce vinaigrette leicht übergießen und auf Teller anrichten.
Das Lammfilet in etwa 2 cm dicke Scheiben schneiden und schön auf den Salaten anrichten; mit etwas Lammfond übergießen.

Sehr heiß servieren.

Lammfilet

2 Lammfilets
4 EL Olivenöl
Salz, Pfeffer
1 TL Senfpulver
1 Tasse gehackte
Kräuter (Petersilie,
Schnittlauch, Ros-
marin, Thymian)
4 Knoblauchzehen

Für 4 Personen:

Die Filets breit klopfen und mit einer Paste aus Olivenöl, Salz, Pfeffer, Senfpulver, den feingehackten Kräutern und den zerdrückten Knoblauchzehen bestreichen. Wie eine Schnecke zusammenrollen und einen Spieß durchstecken. Etwa 10 bis 15 Minuten grillen.

Beilagen: Grilltomaten und Kartoffelpüree

Lamm auf Spargelspitzen

Lammspieße mit Pflaumensauce

750 bis 1000 g
Lammfleisch
(Schulter oder
Keule)
2 Zwiebeln
2 Tomaten
10 Frühlings-
zwiebeln
1 Zitrone

Marinade:
1 Zwiebel
1 EL Zitronensaft
1 EL Olivenöl
ca. 1 TL Salz
schwarzer Pfeffer

Sauce:
½ l Wasser
500 g noch nicht
ganz reife, saure
Pflaumen
1 Knoblauchzehe
3 EL Petersilie,
fein gehackt
Salz
Cayennepfeffer
2 EL Zitronensaft

Für 4 bis 6 Personen:

Für die Marinade die Zwiebel kleinhacken und in eine große Schüssel geben, mit den anderen Zutaten vermischen. Das Fleisch in 3 bis 4 cm große Würfel schneiden, diese in die Marinade geben und darin mindestens 3 Stunden ziehen lassen, ab und zu umrühren. Die Pflaumen in ½ l Wasser 10 bis 15 Minuten weich garen. Durch ein Sieb gießen, den Saft auffangen. Pflaumen entkernen, mit Knoblauch, Petersilie und Pflaumensaft in einem Mixer zerkleinern. Die Sauce sollte sämig sein. Danach aufkochen, würzen, auf Zimmertemperatur abkühlen lassen.
Fleischwürfel gut abtropfen lassen. Die Zwiebeln in Stücke schneiden und Fleisch- und Zwiebelstücke dicht aneinander auf lange Spieße stecken (je nach Größe 6 bis 8 Spieße) und etwa 20 Minuten grillen. Das Fleisch sollte durchgebraten und die Zwiebeln braun sein. Die Tomaten achteln, Frühlingszwiebeln zerkleinern und Zitrone vierteln und als Dekoration mitservieren.

Beilagen: Wildreis, Tomatensalat oder Grilltomate, Maiskolben vom Grill

Lammschwanz, gegrillt

Für 4 Personen:

Die Lammschwänze in leicht gesalzenem Wasser mit Zwiebelscheiben fast gar kochen. Danach die Schwänze in etwa 6 cm lange Stücke schneiden, durch flüssige Butter ziehen und in Semmelbröseln wälzen. Anschließend grillen, bis sich eine Kruste gebildet hat.

Beilagen: Stangenweißbrot und Sardellenbutter

4 Lammschwänze
Salz
1 große Zwiebel
50 g Butter
1 Tasse Semmel-
brösel

Sardellenbutter:
80 g Butter
1 bis 2 EL
Sardellenpaste

Lammrippen vom Rost

Für 4 Personen:

Das Fleisch 24 Stunden in folgender Sauce marinieren: Olivenöl, Senfpulver, Paprika, grobgehackte Knoblauchzehen, Thymian, Rosmarin und Pfeffer. Danach die Rippen ohne die Marinade abzuwischen auf dem Grill unter mehrfachem Wenden 15 bis 20 Minuten (je nach Dicke) grillen. Immer wieder mit Marinade bestreichen. Anschließend salzen und etwas Zitronensaft darüberträufeln.

Beilage: Grillsaucen

4 Stück Lamm-
Schälrippe
(Rippenausläufer,
etwa 7 cm breit)
von etwa 350 bis
400 g
1 Tasse Olivenöl
2 TL Senfpulver
2 TL Paprika-
pulver
8 Knoblauchzehen
1 TL Thymian
1 TL Rosmarin
Pfeffer, Salz
2 Zitronen

Lammfilet mit Gewürzreis

Lammfilets mit Gewürzreis

Foto nebenstehend

Für 4 Personen:

Reis in ½ l kochendem Salzwasser 15 Minuten ausquellen lassen. In einer großen Pfanne die Butter zerlassen, Gewürze und Pistazien zugeben, unter Rühren braten, bis ein intensiver Duft aufsteigt. Reis zugeben und alles vermischen.
Die Lammfilets im Butterschmalz rundherum kräftig anbraten, etwa 2 Minuten weiterbraten, dann mit Zitronensaft und -schale würzen, salzen und mit dem Gewürzreis servieren.

400 g Lammfilet
250 g Langkorn-
reis
Salz
2 EL Butter
4 Stücke
Sternanis
4 Nelken
2 halbierte
Zimtstangen
4 Kardamom-
kapseln,
ausgekratzt
1 EL Koriander-
körner
100 g Pistazien
1 EL Butter-
schmalz
1 EL Zitronensaft
1 EL abgeriebene
Zitronenschale

Gebratene Lammnieren

Für 4 Personen:

Die gewaschenen und der Länge nach aufgeschnittenen Nieren in dicke Scheiben schneiden. Einen Topf oder eine Kasserolle mit Fett ausstreichen, Nieren und Speck hineinlegen, zugedeckt unter gelegentlichem Wenden 20 Minuten schmoren lassen. Gehackte Petersilie, geriebenen Käse und Salz zugeben.

Beilagen: Kartoffeln und Salat

6 Lammnieren
60 g Speck in
dünnen Scheiben
20 g Fett
Petersilie
50 g geriebener
Käse
Salz

Foto nebenstehend

Medaillons vom Lamm in Pfefferminzmarinade

*1 kg Lamm-
rücken, ausgelöst
und zu kleinen
Medaillons
geschnitten
500 g Spinat
(notfalls
Tiefkühlkost)
30 g Zwiebeln
(in Würfel
geschnitten)
0,5 dl Weißwein-
essig
0,5 dl Lammfond
aus dem Glas
1 Tomate
50 g Butter
frische
Pfeffer-minze
etwas Muskat
Salz und Pfeffer*

Für 4 Personen:

Die Pfefferminzblätter in Weißweinessig marinieren. Die Medaillons in der Hälfte der Butter anbraten. Das Fleisch aus der Pfanne nehmen und warm stellen.
Den Spinat kurz in kochendes Salzwasser geben, sofort wieder herausnehmen und warm stellen.
Die Zwiebelwürfel in einem EL Butter andünsten. Die Tomate häuten, Kerne entfernen und in Stücke schneiden. Den Spinat und die Tomate hinzufügen, erhitzen. Alles mit Salz, Pfeffer und Muskat abschmecken. Dann mit dem Pfefferminzessig und dem Lammfond ablöschen.
Die Medaillons auf dem Spinat mit der Pfefferminzmarinade anrichten.

Sehr heiß servieren.

Gebackenes Lamm

*1 kg Lammkeule
Salz, Pfeffer
100 g Mehl
2 Eier
125 g Semmel-
brösel
Backfett*

Für 4 Personen:

Das Fleisch in Portionsstücke schneiden, wenn nötig etwas flach klopfen. Mit Salz und Pfeffer bestreuen, in Mehl, verquirltem Ei und Bröseln wenden und in heißem Fett auf beiden Seiten langsam etwa 6 Minuten braten.

Beilage: Salate

Medaillons vom Lamm in Pfefferminzmarinade

Lammkeule vom Drehspieß

*1 Lammkeule
von etwa 2,5 kg
250 g geräucher-
ter, fetter Speck
in Scheiben
6 Knoblauchzehen
3 EL Olivenöl
schwarzer Pfeffer
1–2 EL edel-
süßer Paprika
1 Msp. Cayenne-
pfeffer
2 EL Worcester-
sauce
1 TL Zucker
2 cl Weinbrand
Salz*

Für 4 Personen:

Die Keule mit Hilfe einer Spicknadel mit dem Speck spicken. Die Knoblauchzehen in Stifte schneiden und diese zwischen Speck und Fleisch schieben. Das Olivenöl mit Pfeffer, Paprika, Cayennepfeffer, Worcestersauce, Zucker und Weinbrand verrühren. Die Lammkeule mit dieser Marinade bestreichen und zugedeckt mehrere Stunden kühl stellen. Die restliche Marinade aufbewahren. Die Lammkeule auf den Grillspieß stecken und 60 bis 80 Minuten grillen, dabei ab und zu mit der restlichen Marinade bepinseln. Wenn das Fleisch gar ist, noch etwa 10 Minuten liegenlassen. Vor dem Aufschneiden das Fleisch salzen.

Beilagen: Salate und Baguettebrot

Lammfleisch am Spieß

*1½ kg Lammkeule
Wacholderbeeren
2 Tassen Essig
2 Tassen Rotwein
4 EL Öl
Salz, Pfeffer
2 Zwiebeln
in Scheiben
2 Becher Joghurt*

Für 8 Personen:

Haut und Fett von der Keule entfernen. Aus Wacholderbeeren, Essig, Rotwein, Zwiebelscheiben und Öl eine Marinade bereiten, etwas Salz und Pfeffer dazugeben. Die Keule für 3 Tage hineinlegen und ab und zu wenden. Dann die Keule auf einen Spieß stecken und unter häufigem Wenden grillen. Ab und zu mit Öl bepinseln. Das gegarte Fleisch vom Spieß nehmen, aufschneiden, mit verquirltem Joghurt übergießen und sofort servieren.

Beilagen: Baguettes und Salate

Lammschaschlik

Für 4 Personen:

Das Fleisch in Würfel schneiden und mit Pfeffer bestreuen. Die Zwiebeln vierteln und mit dem Fleisch und Speck auf 4 Spieße stecken, den Rosmarin darüberstreuen. Die geschälten Knoblauchzehen zerdrücken, mit dem Olivenöl mischen und das Fleisch mit der Ölmischung bepinseln. Die Spieße 10 bis 15 Minuten grillen, dabei öfter wenden. Kurz vor dem Servieren mit Salz bestreuen.

Beilage: frischer gemischter Salat

500 g Lammfleisch aus der Keule
schwarzer Pfeffer
100 g fetter, geräucherter Speck
4 mittelgroße Zwiebeln
2 TL getrockneter Rosmarin
5 Knoblauchzehen
8 EL Olivenöl
Salz

Marokkospieße

Für 4 Personen:

Das Fleisch in Würfel schneiden. Die Petersilie und die Pfefferminzblätter fein hacken oder die getrocknete Minze zerreiben. Die Knoblauchzehen in das Öl pressen, die vorbereiteten Kräuter, Salz und reichlich Pfeffer einrühren. Danach die Fleischwürfel in die Marinade legen und zugedeckt 2 Stunden ruhen lassen. Ab und zu durchrühren. Die geschälten Zwiebeln 3 Minuten in Salzwasser kochen und abtropfen lassen. Die Tomaten vierteln und die Paprikaschote in nicht zu kleine Stücke schneiden. Die Fleischwürfel abwechselnd mit den Zwiebeln, den Tomatenvierteln, den Paprikastücken und den Oliven auf die Spieße stecken. Die Spieße mit der Marinade bestreichen und auf dem Grill 10 bis 15 Minuten garen. Die Spieße dabei öfter wenden.

Beilagen: Safranreis oder Weißbrot und Gurkensalat

1 kg Lammfleisch (Keule)
12 sehr kleine Zwiebeln
3 Tomaten
1 große grüne Paprikaschote
12 entsteinte schwarze Oliven

Marinade:
1 Bund Petersilie
6 frische Pfefferminzblätter (oder 1 TL getrocknete)
2 Knoblauchzehen
1 Tasse Olivenöl
Salz, schwarzer Pfeffer

Lammnüßchen in Basilikum-Knoblauch-Sauce

Foto nebenstehend

1 kg Lammrücken, ausgelöst und in Stücke geschnitten
50 g Butter
2 dl Fleischbrühe
30 g frischer Basilikum
10 g Knoblauch
50 g Honig
150 g Kürbis (oder ein anderes passendes Gemüse, z. B. Karotten)
50 g gehackte Zwiebeln
Salz, Pfeffer

Für 4 bis 6 Personen:

Das Fleisch vom Knochen lösen und in 2 bis 3 dicke Scheiben schneiden. Die Lammnüßchen in der Butter in einer Pfanne 2 bis 4 Minuten (je nach Dicke) pro Seite anbraten. Vom Herd nehmen und warm stellen.
Zwiebeln mit dem Basilikum und dem Knoblauch in Butter dünsten und mit der Brühe ablöschen. Fleisch dazugeben und unterheben. Das Fleisch mit Salz und Pfeffer würzen. Den Kürbis oder die Karotten in erwärmtem Honig und Butter wenden. Die Lammnüßchen mit dem glasierten Kürbis/den glasierten Karotten servieren.

Beilage: Kartoffel-Rösti

Lammleber, gebraten

500 g Lammleber
1 Zwiebel
Petersilie
1 Stück Rollbraten-Netz
feines Paniermehl
40 g Fett
Salz
1 EL Mehl
2 EL Weißwein

Für 4 Personen:

Die Leber mit feingehackter Petersilie und Zwiebel bestreuen, in das Netz wickeln, im Paniermehl wenden, in heißem Fett von allen Seiten anbraten und im Backofen unter häufigem Begießen 30 Minuten weiter braten. Salzen, die Sauce mit angerührtem Mehl binden und mit Weißwein abschmecken.

Beilage: Kartoffelbrei

Lammnüßchen in Basilikum-Knoblauch-Sauce

Gefüllte Lammschnitzel

4 Lammschnitzel
(Keule)
Salz, Pfeffer
einige Pfeffer-
minzblättchen
200 g Sahnequark
50 g Butter

Für 4 Personen:

Die Schnitzel salzen und pfeffern. Auf jedes Schnitzel 1 oder 2 Pfefferminzblättchen legen. Den Sahnequark mit Salz und Pfeffer würzen und nicht zu dick darüberstreichen. Die Schnitzel zusammenrollen, mit Küchengarn zusammenhalten, im heißen Fett bei guter Hitze anbraten und etwa 30 Minuten fertiggaren.

Beilagen: ganze gebratene Kartoffeln und Gurkensalat

Lammsteaks mit Pfefferschotenreis

250 g Lang-
kornreis
Salz
75 g eingelegte
grüne Pfeffer-
schoten
1 Eigelb
⅛ l Öl
4 Lammsteaks
Pfeffer, Thymian
1 EL Öl

Für 4 Personen:

Den Reis in ½ l kochendes Salzwasser einstreuen und 15 Minuten ausquellen lassen. In der Zwischenzeit die Pfefferschoten abtropfen lassen, halbieren, die Körnchen herauskratzen und die Schoten pürieren. In einen Mixbecher geben, das Eigelb zufügen und dann das Öl unterschlagen. Das Lammfleisch pfeffern und mit Thymian würzen und in dem Öl von jeder Seite etwa 5 Minuten braten.
Reis und Lammsteaks servieren, die Pfeffersauce dazu reichen.

Lammkeule, gegrillt

Für 6 bis 8 Personen:

Von der Lammkeule durch den Schlachter den Knochen herauslösen und das Fleisch zu einem Rollbraten binden lassen. An mehreren Stellen der Keule in Faserrichtung kleine, tiefe Schnitte anbringen, in die Knoblauchscheiben eingeschoben werden. Mit einer Spritze (in jeder Apotheke erhält man diese Spritzen) an einigen Stellen Cognac einspritzen, dem etwas Salz und Worcestersauce untergemischt wurde. Die Keule einölen und je Pfund Fleischgewicht etwa 20 Minuten grillen.

Beilagen: grüne Bohnen oder ein Bohnensalat

1 Lammkeule
4 Knoblauchzehen
½ Tasse Cognac
2 EL Worcester-
sauce
1 TL Salz
½ Tasse Olivenöl

Lammsteaks aus dem Nüßchen

Für 4 Personen:

Das Fleisch mit Pfeffer kräftig würzen und in heißem Butterschmalz von jeder Seite 1 Minute anbraten. Salzen und herausnehmen. Die Butter ins Bratfett geben und die geputzten, gewaschenen und grob zerkleinerten Austernpilze kurz darin andünsten, mit Salz und Pfeffer würzen. Crème fraîche zufügen und alles etwa 10 Minuten bei schwacher Hitze garen.
Die Lammnüßchen noch etwa 2 Minuten in der Pilzsauce mitschmoren lassen. Die Sauce abschmecken und die Nüßchen in der Sauce servieren.

Beilage: Wildreis

Anmerkung: Herrliche Reisbeilagen und Reisgerichte finden Sie in dem Buch »Reisgerichte für Genießer«, das vom Autor im gleichen Verlag erschienen ist.

4 Lammnüßchen
zu je 100 g
15 g Butter-
schmalz
20 g Butter
250 g Austern-
pilze
Salz
schwarzer Pfeffer
200 g Crème
fraîche

Marinierte Lammschnitzel mit Gemüsesauce

4 Lammschnitzel aus der Keule zu je 150 g

Für die Marinade:
5 EL Butterschmalz
1 zerdrückte Knoblauchzehe
2 EL Sojasauce
schwarzer Pfeffer

Für die Sauce:
1 Paprikaschote
2 Fleischtomaten
1 Zwiebel
Salz
schwarzer Pfeffer
Paprika, edelsüß
1 EL gemischte Kräuter (Thymian, Estragon, Basilikum)
2 cl Weißwein
1 Zweig Zitronenmelisse

Für 4 Personen:

Die Zutaten für die Marinade in einer Schüssel gut verrühren und die Schnitzel etwa 3 bis 4 Stunden darin ziehen lassen. Anschließend gut abtropfen und trockentupfen.

Das Butterschmalz in einer Pfanne erhitzen und die Schnitzel von jeder Seite 10 bis 15 Minuten braten, dann herausnehmen und warm stellen.

Für die Sauce die Paprikaschote putzen, waschen und in feine Streifen schneiden. Die Tomaten einritzen und in kochendem Wasser kurz brühen, dann herausnehmen und die Haut abziehen, die Kerne entfernen, die Tomaten in Streifen schneiden. Die Zwiebel schälen und in Ringe schneiden. Das Gemüse zusammen mit den Gewürzen und den Kräutern in die Pfanne geben, andünsten und etwas einkochen lassen.

Lammschnitzel mit der Gemüsesauce und kräftigem Landbrot servieren.

Reste-Essen

Und wenn es noch so gut schmeckt . . . häufig bleibt vom Braten ein Stück übrig. Kalt ist Lammfleisch nicht unbedingt jedermanns Geschmack. Deshalb einige leckere »Reste-Essen«-Rezepte, denen man nicht anmerkt, daß es sich um Reste handelt.

Mussaka

400 g Reste von
Lammfleisch
6 Auberginen
Salz, Pfeffer
⅛ l Olivenöl
2 Zwiebeln
2 Knoblauchzehen
2 EL Sahne
500 g Tomaten
1 Becher Joghurt
3 Eier
1 EL Mehl

Für 4 Personen:

Das Fleisch durch den Fleischwolf drehen. Die Auberginen schälen und der Länge nach in Scheiben schneiden. Mit Salz bestreuen und 30 Minuten in einer Schüssel liegenlassen. Dann das Wasser abgießen. Die Auberginenscheiben in Mehl wenden und in 6 EL Olivenöl hellbraun anbraten. Die Zwiebeln in Würfel schneiden, die Knoblauchzehen zerdrücken und in dem restlichen Öl glasig braten. Die Fleischmasse hinzufügen, unter Rühren kurz anbraten, die Sahne hinzugeben und mit Salz und Pfeffer würzen. Die Tomaten brühen, abziehen und in Scheiben schneiden. Den Boden einer eingefetteten Kasserolle mit etwa einem Drittel der Auberginenscheiben belegen, darüber Tomatenscheiben und die Hälfte des Hackfleisches in Lagen schichten. Dann wieder Auberginen- und Tomatenscheiben, das restliche Hackfleisch und die restlichen Auberginenscheiben in die Form schichten. Im Backofen bei mittlerer Hitze etwa 30 Minuten bräunen lassen. Joghurt, Eier, Mehl und Salz mit einem Schneebesen gründlich vermischen und über die Mussaka gießen. Noch einmal 15 Minuten backen, bis sich eine goldbraune Kruste gebildet hat.

Lammklößchen mit Joghurt

Für 4 Personen:

Das Fleisch zweimal durch den feinen Einsatz eines Fleischwolfs drehen. Die Semmelbrösel mit der Milch anfeuchten, die Rosinen in etwas lauwarmem Wasser einweichen. Die Knoblauchzehe zerdrücken, die Minze (oder Petersilie) hacken. Alles in eine Schüssel geben, 1 Ei hinzugeben, die Masse gut durchkneten und mit Salz und Pfeffer abschmecken. Aus der Masse kleine Klößchen formen und diese in Mehl und dann in einem mit Salz verquirlten Ei wenden. In einer Pfanne mit heißem Öl von beiden Seiten braun braten. Den Joghurt unter ständigem Rühren mit einem Holzlöffel vorsichtig erwärmen (nicht kochen!) und mit Dill vermischen; als Sauce servieren.

Beilage: Reis

200 g Reste von Lammfleisch
4 EL Semmel-brösel
4 EL Milch
2 EL Rosinen
1 Knoblauchzehe
10 frische Minze-blätter (ersatz-weise Petersilie)
2 Eier
Salz, Pfeffer
Mehl
Öl zum Braten
2 Becher Joghurt
1 EL gehackter Dill

Lamm mit Schalotten

Für 2 Personen:

Den Lammbraten in mundgerechte Stücke schneiden, die gehackten Schalotten, den kleingeschnittenen Speck, etwas gehackte Petersilie sowie Salz und Pfeffer zusammen in der Butter anbraten. Das Lammfleisch zugeben und wenden, bis die Stücke auf allen Seiten angebraten sind. Den Wein zugeben und zugedeckt auf kleinem Feuer ungefähr 30 Minuten dämpfen lassen.

Beilagen: Reis und Salat

250 g kalter Lammbraten
4 Schalotten
1 Scheibe Speck
½ TL gehackte Petersilie
2 EL Butter
Salz, Pfeffer
½ Tasse Weißwein (herb)

RESTE-ESSEN

Englische Lammpastete

400 bis 500 g
Reste von Lamm-
fleisch
3 Zwiebeln
2 EL Butter
1 Päckchen
Bratensauce
½ TL Worcester-
sauce
Salz, Pfeffer
Kartoffelpüree von
1 kg Kartoffeln
¼ l Milch
50 g Butter
1 Ei

Für 4 Personen:

Das Fleisch durch den Fleischwolf drehen. Die Zwiebeln würfeln und in der Butter glasig braten. Das Fleisch dazugeben und kurz mit anbraten. Mit Wasser aufgießen und die Instantsauce unter Rühren hinzufügen. Die Sauce 5 Minuten einkochen lassen und mit Worcestersauce und Salz und Pfeffer abschmecken. Eine flache Kasserolle einfetten und die Fleischpüree-Masse hineinfüllen. Kartoffelpüree mit dem Ei verrühren und über das Fleisch schichten. Butterflöckchen auflegen und bei Mittelhitze 30 Minuten backen.

Heiß servieren.

Zwiebelfleisch

300 g Reste von
Lammbraten
4 mittelgroße
Zwiebeln
2 EL Butter
1 EL Öl
⅜ l Fleischbrühe
1 Knoblauchzehe
1 Stückchen
Lorbeerblatt
750 g Kartoffeln
Salz, Pfeffer
Thymian

Für 4 bis 6 Personen:

Das Fleisch und die Zwiebeln in Scheiben schneiden. Die Zwiebeln in 1 EL Butter und 1 EL Öl glasig braten. Die Fleischbrühe darübergießen und 15 Minuten kochen. Eine Kasserolle mit der Knoblauchzehe ausreiben und das Fleisch hineingeben. Mit der Zwiebelbrühe übergießen. Die Gewürze dazugeben. Die in hauchdünne Scheiben geschnittenen Kartoffeln mit Salz und Pfeffer vermischen und auf das Fleisch schichten. Die restliche Butter in Stückchen daraufgeben. Zugedeckt bei mittlerer Hitze 40 Minuten backen lassen. Die letzten 15 Minuten den Deckel abnehmen, damit das Zwiebelfleisch appetitlich braun wird.

Lammpilaw mit Pinienkernen

Für 4 Personen:

Das Fleisch würfeln. Den Reis brühen und kurze Zeit ziehen lassen. Den abgetropften Reis in die heiße Butter geben und unter Rühren anrösten, danach die Fleischbrühe aufgießen. Mit Salz und Pfeffer würzen und 20 Minuten kochen lassen. Die Zwiebeln würfeln, die Knoblauchzehen fein hacken und im erhitzten Öl glasig braten. Die Pinienkerne kurz mit anbraten. Die Tomaten brühen, abziehen und entkernen, dann in Stücke schneiden, zu den Zwiebeln geben und 10 Minuten schmoren lassen. Das Fleisch dazugeben, ebenso wie die Minze. Die Fleischmasse für die letzten 5 Minuten der Kochzeit unter den Reis mischen und zugedeckt 30 Minuten im nicht zu heißen Backofen ziehen lassen. Für die Sauce den Joghurt mit Wasser verrühren und langsam zum Kochen bringen. Den Reis hinzufügen und alles mit Salz, Pfeffer und Koriander abschmecken und nachwürzen. 20 Minuten kochen lassen und vor dem Auftragen über den Pilaw gießen.

250 bis 300 g
Reste von Lamm-
braten
250 g Reis
50 g Butter oder
Lammfett
¾ l Fleischbrühe
Salz, Pfeffer
2 Zwiebeln
2 Knoblauchzehen
2 EL Olivenöl
3 EL Pinienkerne
(notfalls Erdnuß-
kerne)
3 reife große
Tomaten
1 EL gehackte
frische Minze oder
Dill

Joghurtsauce:
2 Becher Joghurt
½ l Wasser
2 EL Reis
Salz, Pfeffer,
Koriander

Ragoût fin

Das übriggebliebene Fleisch wird kleingeschnitten und mit etwas Bratensauce, die mit Crème fraîche gestreckt wurde, kurz aufgekocht. Einige Kapern und etwas feingehackte Gewürzgurke dazugeben. Mit Sardellenpaste würzen. Das Ragout mit 1 bis 2 Eidottern legieren und in Blätterteigpasteten oder in ausgehöhlte Brötchen füllen.

REGISTER

REGISTER

Von Norbert Frank
sind in gleicher Ausstattung
weitere zwei Rezeptbücher
erschienen

Wildgerichte für Genießer

200 Seiten, 189 Rezepte, 26 Rezeptfotos

Reisgerichte für Genießer

184 Seiten, 217 Rezepte, 25 Rezeptfotos

HUGO MATTHAES
DRUCKEREI UND VERLAG
GMBH & CO. KG
STUTTGART